简明税收知识问答

刘佐 著

中国财经出版传媒集团
中国财政经济出版社

图书在版编目（CIP）数据

简明税收知识问答 / 刘佐著. —北京：中国财政经济出版社，2019.7

ISBN 978-7-5095-9021-8

Ⅰ.①简… Ⅱ.①刘… Ⅲ.①税收管理-中国-问题解答 Ⅳ.①F812.42-44

中国版本图书馆 CIP 数据核字（2019）第 099384 号

责任编辑：郭爱春　　　　　　　责任校对：黄亚青
封面设计：孙俪铭

中国财政经济出版社出版

URL：http://www.cfeph.cn

E-mail：cfeph@cfeph.cn

（版权所有　翻印必究）

社址：北京市海淀区阜成路甲 28 号　邮政编码：100142
营销中心电话：010-88191537
中煤（北京）印务有限公司印刷　各地新华书店经销
880×1230 毫米　32 开　8.625 印张　216 000 字
2019 年 7 月第 1 版　2019 年 7 月北京第 1 次印刷
定价：30.00 元
ISBN 978-7-5095-9021-8
（图书出现印装问题，本社负责调换）
本社质量投诉电话：010-88190744
打击盗版举报热线：010-88191661　QQ：2242791300

前 言

税收是中国财政收入最主要的来源,也是国家加强宏观调控的重要经济杠杆,对于中国的经济、社会发展具有十分重要的影响,与每个企业、每个公民的利益密切相关。

为了帮助读者了解税收基础知识和中国现行税收制度的基本情况,我撰写了这本小册子。它以我国全国人民代表大会及其常务委员会、国务院、财政部、国家税务总局、海关总署和国务院关税税则委员会发布的现行有效的税收法律、行政法规、部门规章、规范性文件和有关权威性资料为依据,以问答的形式和简洁的语言,比较全面、概要地介绍了税收的基础知识和中国现行税制,包括税收的基本概念,中国各种税收的纳税人、征税机关、税目、税率、计税依据、计税方法、减免税规定、纳税期限和纳税地点,征收管理制度,税务机构等内容,并有计算举例,力求简明扼要,通俗易懂。愿它能够为大家增加一些关于税收和中国税制的基础知识。

本书自1996年首次出版以来,受到了中国财政经济出版社等出版单位的大力支持和广大读者的热烈欢迎,因此不断修订再版(本版为第九版)。在此,向出版单位及读者表示衷心的感谢!

由于本人的能力、水平和某些客观条件所限,书中必然存在一些不足之处,恳请读者原谅,并批评指正。

刘　佐

2019 年 6 月 1 日

目　录

一、税收基本概念 …………………………………… 1
　（一）什么是税收？ ……………………………… 1
　（二）什么是税法？ ……………………………… 2
　（三）什么是税收制度？ ………………………… 3
　（四）什么是税种？ ……………………………… 4
　（五）什么是征税对象？ ………………………… 5
　（六）什么是税目？ ……………………………… 5
　（七）什么是征税环节？ ………………………… 6
　（八）什么是纳税人？ …………………………… 6
　（九）什么是扣缴义务人？ ……………………… 7
　（十）什么是计税依据？ ………………………… 7
　（十一）什么是起征点？ ………………………… 8
　（十二）什么是免征额？ ………………………… 8
　（十三）什么是税率？ …………………………… 8
　（十四）什么是征收率？ ………………………… 9
　（十五）什么是税收减免？ ……………………… 9
　（十六）什么是税收加征？ ……………………… 10
　（十七）什么是纳税义务发生时间？ …………… 10
　（十八）什么是纳税期限？ ……………………… 11
　（十九）什么是纳税地点？ ……………………… 12

（二十）中国现行税收基本法律、法规和规章有哪些？
　　　　　……………………………………………………… 12

二、增值税 ……………………………………………………… 19
　　（一）什么是增值税？ ……………………………………… 19
　　（二）增值税的纳税人、扣缴义务人有哪些？ …………… 19
　　（三）哪些行为视同销售货物、劳务？什么是混合
　　　　　销售行为？ ………………………………………… 20
　　（四）一般纳税人和小规模纳税人是怎样划分的？ ……… 21
　　（五）增值税的税目、税率是怎样规定的？ ……………… 21
　　（六）一般纳税人怎样计算应纳增值税税额？ …………… 25
　　（七）什么是销项税额？怎样计算销项税额？ …………… 26
　　（八）什么是进项税额？哪些进项税额可以抵扣？ ……… 27
　　（九）哪些项目的进项税额不能抵扣？ …………………… 28
　　（十）小规模纳税人怎样计算应纳增值税税额？ ………… 28
　　（十一）哪些一般纳税人可以采用简易办法计算缴纳
　　　　　　增值税？ …………………………………………… 29
　　（十二）怎样计算应当扣缴的增值税？ …………………… 31
　　（十三）进口货物怎样计算缴纳增值税？ ………………… 31
　　（十四）增值税的主要免税、减税规定有哪些？ ………… 31
　　（十五）增值税的起征点是怎样规定的？ ………………… 33
　　（十六）哪些出口货物和应税劳务、服务适用增值税
　　　　　　退（免）税规定？ ……………………………… 34
　　（十七）增值税的纳税义务发生时间是怎样规定的？ …… 34
　　（十八）增值税的纳税期限是怎样规定的？ ……………… 35
　　（十九）增值税的纳税地点是怎样规定的？ ……………… 35

三、消费税 ……………………………………………………… 37
　　（一）什么是消费税？ ……………………………………… 37

（二）消费税的纳税人有哪些？ ……………………… 37
　　（三）消费税的税目、税率（税额标准）是怎样规定的？
　　　　　…………………………………………………… 38
　　（四）消费税的一般计税方法是怎样规定的？ ………… 42
　　（五）自产自用应税消费品怎样计算缴纳消费税？ …… 43
　　（六）委托加工应税消费品怎样计算缴纳消费税？ …… 44
　　（七）进口应税消费品怎样计算缴纳消费税？ ………… 45
　　（八）消费税怎样核定征税？ …………………………… 46
　　（九）哪些应税消费品可以免征、退还消费税？ ……… 46
　　（十）消费税的纳税义务发生时间是怎样规定的？ …… 47
　　（十一）消费税的纳税期限是怎样规定的？ …………… 48
　　（十二）消费税的纳税地点是怎样规定的？ …………… 48

四、**车辆购置税** ……………………………………………… 50
　　（一）什么是车辆购置税？ ……………………………… 50
　　（二）车辆购置税的纳税人、征收范围是怎样规定的？
　　　　　…………………………………………………… 50
　　（三）车辆购置税的计税依据、税率和计税方法是怎样
　　　　　规定的？ ……………………………………… 50
　　（四）车辆购置税的主要免税、减税和退税规定有哪些？
　　　　　…………………………………………………… 51
　　（五）车辆购置税的纳税期限、纳税地点是怎样规定的？
　　　　　…………………………………………………… 52
　　（六）车辆购置税有什么新规定？ ……………………… 53

五、**关税** …………………………………………………… 55
　　（一）什么是关税？ ……………………………………… 55
　　（二）关税的纳税人有哪些？ …………………………… 55
　　（三）关税的税率有哪些种类？ ………………………… 56

（四）关税的税目、税率是怎样规定的？ ……………… 57
（五）关税的应纳税额怎样计算？ ………………………… 59
（六）关税的主要免税、减税规定有哪些？ …………… 60
（七）关税的纳税期限是怎样规定的？ ………………… 61
（八）什么是进境物品进口税？ ………………………… 61

六、企业所得税 ……………………………………………… 65

（一）什么是企业所得税？ ……………………………… 65
（二）企业所得税的纳税人有哪些？ …………………… 65
（三）企业取得的哪些所得应当缴纳所得税？ ………… 66
（四）怎样计算企业所得税的应纳税所得额？ ………… 67
（五）企业的收入有哪些形式、项目？ ………………… 69
（六）企业的哪些支出可以在计算应纳税所得额的时候扣除？ ……………………………………………… 69
（七）企业的工资、薪金支出怎样扣除？ ……………… 70
（八）企业的各类保险、劳动保护支出怎样扣除？ …… 70
（九）企业的职工福利费、工会经费和职工教育经费支出怎样扣除？ ……………………………………… 71
（十）企业的借款费用、利息支出怎样扣除？ ………… 72
（十一）企业的研究和开发费用怎样扣除？ …………… 73
（十二）企业的业务招待费、广告费和业务宣传费支出怎样扣除？ ……………………………………… 73
（十三）企业的手续费、佣金支出怎样扣除？ ………… 75
（十四）企业的公益性捐赠支出怎样扣除？ …………… 76
（十五）企业的哪些支出不能在计算应纳税所得额的时候扣除？ ……………………………………… 77
（十六）企业的亏损怎样处理？ ………………………… 77
（十七）企业的固定资产折旧是怎样规定的？ ………… 78
（十八）企业无形资产的摊销是怎样规定的？ ………… 80

(十九) 企业所得税的税率是怎样规定的? ………… 81
(二十) 企业所得税的应纳税额怎样计算? ………… 81
(二十一) 企业所得税的主要免税、减税规定有哪些?
………………………………………………… 83
(二十二) 企业所得税的纳税期限是怎样规定的? … 84
(二十三) 企业所得税的纳税地点是怎样规定的? … 85
(二十四) 哪些企业可以核定征收企业所得税? …… 85

七、个人所得税 ………………………………………… 88
(一) 什么是个人所得税? …………………………… 88
(二) 哪些个人应当缴纳所得税? …………………… 88
(三) 个人取得的哪些所得应当缴纳所得税? ……… 89
(四) 综合所得怎样计算缴纳所得税? ……………… 90
(五) 非居民个人取得工资、薪金所得,劳务报酬所得,稿酬所得,特许权使用费所得,怎样计算缴纳所得税? ………………………………………… 94
(六) 生产、经营所得怎样计算缴纳所得税? …… 95
(七) 个体工商户的生产、经营所得怎样计算缴纳所得税? ………………………………………… 97
(八) 个人独资企业投资人、合伙企业个人合伙人的生产、经营所得怎样计算缴纳所得税? ……… 100
(九) 对企业、事业单位的承包经营、承租经营所得怎样计算缴纳所得税? ………………………… 102
(十) 利息、股息和红利所得怎样计算缴纳所得税? … 103
(十一) 财产租赁所得怎样计算缴纳所得税? …… 104
(十二) 财产转让所得怎样计算缴纳所得税? …… 105
(十三) 偶然所得怎样计算缴纳所得税? ………… 106
(十四) 捐赠所得怎样计算缴纳所得税? ………… 106
(十五) 境外所得怎样计算缴纳所得税? ………… 107

（十六）个人所得税的主要免税、减税规定有哪些？ …… 108
　　（十七）个人所得税怎样扣缴？ ………………………… 110
　　（十八）个人所得税怎样申报？ ………………………… 114
　　（十九）个人所得税的纳税期限是怎样规定的？ ……… 116

八、土地增值税 …………………………………………… 118
　　（一）什么是土地增值税？ ……………………………… 118
　　（二）土地增值税的纳税人有哪些？ …………………… 118
　　（三）土地增值税的计税依据是怎样规定的？ ………… 118
　　（四）土地增值税的税率是怎样规定的？ ……………… 119
　　（五）土地增值税的应纳税额怎样计算？ ……………… 119
　　（六）土地增值税的主要免税、减税规定有哪些？ …… 120
　　（七）土地增值税的纳税期限、纳税地点是怎样规定的？
　　　　 ………………………………………………………… 121

九、房产税 ………………………………………………… 122
　　（一）什么是房产税？ …………………………………… 122
　　（二）房产税的纳税人有哪些？ ………………………… 122
　　（三）房产税的计税依据、税率是怎样规定的？ ……… 122
　　（四）房产税的应纳税额怎样计算？ …………………… 123
　　（五）房产税的主要免税、减税规定有哪些？ ………… 124
　　（六）房产税的纳税期限、纳税地点是怎样规定的？ … 125

十、城镇土地使用税 ……………………………………… 127
　　（一）什么是城镇土地使用税？ ………………………… 127
　　（二）城镇土地使用税的纳税人有哪些？ ……………… 127
　　（三）城镇土地使用税的税额标准是怎样规定的？ …… 128
　　（四）城镇土地使用税的应纳税额怎样计算？ ………… 129
　　（五）城镇土地使用税的主要免税规定有哪些？ ……… 129

（六）城镇土地使用税的纳税期限、纳税地点是怎样
规定的？ …………………………………………… 131

十一、耕地占用税 …………………………………………… 133
（一）什么是耕地占用税？ ……………………………… 133
（二）耕地占用税的纳税人、征税范围是怎样规定的？
…………………………………………………… 133
（三）耕地占用税的计税依据、税额标准是怎样规定
的？ ……………………………………………… 134
（四）耕地占用税的应纳税额怎样计算？ ……………… 135
（五）耕地占用税的主要免税、减税规定有哪些？ …… 136
（六）耕地占用税的纳税期限、纳税地点是怎样规定
的？ ……………………………………………… 136
（七）耕地占用税有什么新规定？ ……………………… 137

十二、契税 …………………………………………………… 140
（一）什么是契税？ ……………………………………… 140
（二）契税的纳税人有哪些？ …………………………… 140
（三）契税的计税依据是怎样规定的？ ………………… 141
（四）契税的税率是多少？应纳税额怎样计算？ ……… 142
（五）契税的主要免税、减税规定有哪些？ …………… 144
（六）契税的纳税期限、纳税地点是怎样规定的？ …… 146

十三、资源税 ………………………………………………… 147
（一）什么是资源税？ …………………………………… 147
（二）资源税的纳税人有哪些？ ………………………… 147
（三）资源税的税目、税率（税额标准）是怎样规定的？
…………………………………………………… 148
（四）资源税的应纳税额怎样计算？ …………………… 150

（五）资源税的主要免税、减税规定有哪些？ ……………… 151
　　（六）资源税的纳税义务发生时间是怎样规定的？ ……… 152
　　（七）资源税的纳税期限是怎样规定的？ ………………… 153
　　（八）资源税的纳税地点是怎样规定的？ ………………… 153

十四、车船税 ………………………………………………………… 154
　　（一）什么是车船税？ ……………………………………… 154
　　（二）车船税的纳税人、扣缴义务人有哪些？ …………… 154
　　（三）车船税的税目、税额标准是怎样规定的？ ………… 154
　　（四）车船税的应纳税额怎样计算？ ……………………… 157
　　（五）车船税的主要免税、减税规定有哪些？ …………… 157
　　（六）车船税的纳税期限、纳税地点是怎样规定的？ …… 158
　　（七）纳税人在哪些情况下可以申请退还车船税？ ……… 159

十五、船舶吨税 ……………………………………………………… 160
　　（一）什么是船舶吨税？ …………………………………… 160
　　（二）船舶吨税的纳税人、计税依据和税额标准是
　　　　　怎样规定的？ ………………………………………… 160
　　（三）船舶吨税的应纳税额怎样计算？ …………………… 162
　　（四）哪些船舶可以免缴船舶吨税？ ……………………… 162

十六、印花税 ………………………………………………………… 163
　　（一）什么是印花税？ ……………………………………… 163
　　（二）印花税的纳税人有哪些？ …………………………… 163
　　（三）印花税的税目、税率（税额标准）是怎样规定的？
　　　　　………………………………………………………… 163
　　（四）印花税的应纳税额怎样计算？ ……………………… 166
　　（五）股票转让怎样计算缴纳印花税？ …………………… 167
　　（六）哪些凭证可以免征印花税？ ………………………… 167

（七）印花税的纳税方式是怎样规定的？ …………… 168

十七、城市维护建设税 ………………………………… 170
　　（一）什么是城市维护建设税？ ……………………… 170
　　（二）城市维护建设税的纳税人、计税依据、税率和
　　　　　计税方法是怎样规定的？ ……………………… 170
　　（三）城市维护建设税的主要免税、减税规定有哪些？
　　　　　 …………………………………………………… 171

十八、烟叶税 …………………………………………… 173
　　（一）什么是烟叶税？ ………………………………… 173
　　（二）烟叶税的纳税人、计税依据是怎样规定的？ … 173
　　（三）烟叶税的计税方法、纳税期限和纳税地点是
　　　　　怎样规定的？ …………………………………… 173

十九、环境保护税 ……………………………………… 175
　　（一）什么是环境保护税？ …………………………… 175
　　（二）环境保护税的纳税人、税目和税额标准是怎样
　　　　　规定的？ ………………………………………… 175
　　（三）环境保护税的计税方法是怎样规定的？ ……… 176
　　（四）环境保护税的免税、减税是怎样规定的？ …… 179
　　（五）环境保护税的纳税期限、纳税地点是怎样规定的？
　　　　　 …………………………………………………… 179

二十、税收征收管理制度 ……………………………… 181
　　（一）什么是税务登记？ ……………………………… 181
　　（二）怎样办理设立登记？ …………………………… 182
　　（三）怎样办理变更登记？ …………………………… 184
　　（四）怎样办理停业、复业登记？ …………………… 185

（五）怎样办理注销登记？ ………………………………… 185
（六）怎样办理外出经营报验登记？ …………………… 186
（七）怎样处理非正常户？ ………………………………… 187
（八）账户管理有哪些规定？ ……………………………… 187
（九）账簿、凭证管理有哪些基本规定？ ……………… 187
（十）什么是发票？ ………………………………………… 189
（十一）发票的式样、联次和内容是怎样规定的？ …… 189
（十二）印制发票有哪些基本规定？ …………………… 190
（十三）怎样领取发票？ …………………………………… 191
（十四）怎样开具、保管发票？ …………………………… 192
（十五）怎样实施发票检查？ ……………………………… 194
（十六）怎样管理网络发票？ ……………………………… 195
（十七）什么是纳税申报？ ………………………………… 196
（十八）怎样办理纳税申报？ ……………………………… 197
（十九）不能按期办理纳税申报怎么办？ ……………… 198
（二十）海关报税有哪些基本规定？ …………………… 198
（二十一）税款怎样征收、缴纳？ ………………………… 200
（二十二）什么是查账征收、核定征收和定期定额征收？
　　　　　　………………………………………………… 201
（二十三）什么是代扣代缴、代收代缴和委托代征？ … 202
（二十四）不能按期纳税怎么办？ ………………………… 202
（二十五）纳税人、扣缴义务人在纳税问题上同税务
　　　　　机关有争议怎么办？ …………………………… 203
（二十六）税务机关在什么情况下可以核定纳税人的
　　　　　应纳税额？ ……………………………………… 203
（二十七）关联企业之间的业务往来应当怎样定价？ … 204
（二十八）什么是税收保全措施？征收机关在什么情况
　　　　　下可以采取这种措施？ ………………………… 205

（二十九）什么是税收强制执行措施？征收机关在什么
　　　　　 情况下可以采取这种措施？ …………………… 207
　（三十）怎样处理欠税？ …………………………………… 208
　（三十一）多缴、少缴的税款怎样处理？ ………………… 209
　（三十二）税务机关有权实施哪些税务检查？ …………… 211

二十一、税收法律责任 ……………………………………… 213
　（一）什么是税收违法行为？怎样处罚？ ………………… 213
　（二）纳税人有未依法办理税务登记，设置、保管账
　　　　簿和凭证，报送财会制度，使用税务登记证等
　　　　行为的，怎样处罚？ ………………………………… 214
　（三）扣缴义务人未依法办理登记，设置、保管账簿
　　　　和凭证的，怎样处罚？ ……………………………… 215
　（四）违反发票管理法规，未构成犯罪的，怎样处理？
　　　　…………………………………………………………… 215
　（五）犯虚开增值税专用发票和用于骗取出口退税、
　　　　抵扣税款的其他发票罪的，怎样处罚？ …………… 217
　（六）犯伪造、出售伪造的增值税专用发票罪的，怎样
　　　　处罚？ ………………………………………………… 217
　（七）犯非法出售、购买增值税专用发票罪的，怎样
　　　　处罚？ ………………………………………………… 218
　（八）犯伪造、擅自制造和出售伪造、擅自制造的可以
　　　　用于骗取出口退税、抵扣税款的其他发票罪的，
　　　　怎样处罚？ …………………………………………… 218
　（九）犯盗窃增值税专用发票和可以用于骗取出口退税、
　　　　抵扣税款的其他发票罪的，怎样处罚？ …………… 219
　（十）犯骗取增值税专用发票和可以用于骗取出口退税、
　　　　抵扣税款的其他发票罪的，怎样处罚？ …………… 219
　（十一）犯持有伪造发票罪的，怎样处罚？ ……………… 220

（十二）有伪造、非法出售和非法购买增值税专用发票等行为，未构成犯罪的，怎样处罚？ ………… 220

（十三）纳税人未依法办理纳税申报，扣缴义务人未依法报送有关报表的，怎样处罚？ ………… 220

（十四）纳税人、扣缴义务人经税务机关责令限期纳税，仍不缴纳的，怎样处罚？ ………… 221

（十五）纳税人、扣缴义务人逃避、拒绝税务机关检查的，怎样处罚？ ………… 221

（十六）非法印制、转借、倒卖、变造和伪造完税凭证的，怎样处罚？ ………… 222

（十七）什么是偷税？怎样处罚？ ………… 222

（十八）什么是抗税？怎样处罚？ ………… 223

（十九）以转移、隐匿财产的手段妨碍税务机关追缴欠税的，怎样处罚？ ………… 223

（二十）骗取出口退税的，怎样处罚？ ………… 223

（二十一）单位犯逃避缴纳税款、妨碍税务机关追缴欠税、骗取出口退税和非法买卖增值税专用发票等罪的，怎样处罚？ ………… 225

（二十二）有关单位不配合税务机关的有关工作的，怎样处罚？ ………… 225

（二十三）为他人提供方便，导致未缴、少缴税款和骗取出口退税的，怎样处罚？ ………… 226

（二十四）税务行政处罚怎样实施？ ………… 226

（二十五）税务机关工作人员在工作中违法的，怎样处罚？ ………… 227

（二十六）违反税法，擅自决定税收征免的，怎样处理？ ………… 229

二十二、税务行政复议·················230
（一）什么是税务行政复议？···············230
（二）税务行政复议机构是怎样规定的？·········230
（三）税务行政复议的范围是怎样规定的？········231
（四）税务行政复议的管辖是怎样规定的？········232
（五）税务行政复议的申请人是怎样规定的？·······233
（六）税务行政复议的被申请人是怎样规定的？······234
（七）怎样申请税务行政复议？·············234
（八）怎样受理税务行政复议申请？···········236
（九）税务行政复议的审查是怎样规定的？········238
（十）税务行政复议的决定是怎样规定的？········239
（十一）税务行政复议的和解、调解是怎样规定的？····242
（十二）海关行政复议是怎样规定的？··········243

二十三、财政、税务、海关组织机构和税收征收管理范围划分·················244
（一）财政部及其税政司、关税司是怎样的机构？·····244
（二）国家税务总局是一个怎样的机构？·········245
（三）中国省以下的税务机构是怎样设置的？·······249
（四）海关总署及其关税征管司是怎样的机构？······251
（五）国务院关税税则委员会是一个怎样的机构？·····252
（六）中国的税收征收管理范围是怎样划分的？······253
（七）中国的税收收入在中央政府、地方政府之间是怎样划分的？···················253

主要资料来源·······················255

一、税收基本概念

（一）什么是税收？

税收，又称为赋税、捐税和租税，是政府为了满足公共需要，凭借公共权力，运用法律手段，参与国民收入分配，强制、无偿地取得财政收入的一种形式，其基本职能如下：

第一，为政府筹集财政收入。政府提供公共服务需要财政支出和相应的财政收入，税收收入是中国财政收入最主要的来源，近年来占中国财政收入的比重都在80%以上。2017年，中国的税收收入为144369.9亿元，占当年中国财政收入的比重为83.6%。国家将通过税收等手段取得的财政收入用于国家的经济建设，发展科学、技术、教育、文化、卫生、环境保护和社会保障等事业，改善人民生活，加强国防，为国家的经济发展、社会稳定和民生改善提供了强大的物质保障。所以说，中国的税收取之于民，用之于民。

第二，调节经济。税收在贯彻国家产业政策，调节产业结构、产品结构，调节地区、行业发展差距，调节社会成员收入、财富分配等方面，都具有重要的宏观调控作用。例如，国家为了更好地发展高新技术产业，开发落后地区，促进就业，保护资源和环境，采取了许多免税、减税措施；为了适当调节社会成员的收入差距，按照低收入者不纳税、中等收入者适当纳税和高收入者多纳税的原则征收累进的个人所得税。所以说，税收是国家加强宏观经济调控的重要杠杆。

第三，反映经济运行情况。税收涉及社会生产、流通、分配和消费等领域、环节，是国家经济状况的综合反映。政府通过税收收入的增减、税源的变化，可以及时了解国民经济发展的现状和趋势，并采取相应的调控措施，促进国民经济健康发展。

此外，在对外交往中，税收是国家主权的重要体现。合理的税收有利于在平等互利的基础上维护中国政府、企业和公民的权益，促进中国的对外经济、技术合作和人员交流，也有利于建立合理的国际税收秩序和加强国际税收合作。

（二）什么是税法？

税法是政府、纳税人和其他有关方面应当遵循的税收法律规范的总称，是政府向纳税人征税和纳税人向政府纳税的法律依据。根据全国人民代表大会制定的《中华人民共和国宪法》《中华人民共和国立法法》《全国人民代表大会关于授权国务院在经济体制改革和对外开放方面可以制定暂行的规定或者条例的决定》和国务院制定的《行政法规制定程序条例》《规章制定程序条例》等法律、行政法规，中国的税收立法由下列层次、形式构成：

1. 法律。税收的基本制度由法律规定。税收法律由全国人民代表大会制定，如《中华人民共和国个人所得税法》；或者由全国人民代表大会常务委员会制定，如《中华人民共和国税收征收管理法》。

2. 行政法规。有关税收的行政法规由国务院根据有关法律制定，如《中华人民共和国税收征收管理法实施细则》；或者根据全国人民代表大会及其常务委员会的授权制定，如根据全国人民代表大会的授权制定的《中华人民共和国增值税暂行条例》。

中国政府签署的国际税收公约，中国政府与外国政府签订的国际税收协定、协议，中国大陆与中国香港、中国澳门和中国台湾签订的税收安排、协议，也是中国税法体系的重要组成部分。

3. 地方性法规。省、自治区和直辖市的人民代表大会及其常务委员会根据本行政区域的具体情况和实际需要，在不同宪法、法律和行政法规抵触的前提下，可以制定地方性税收法规，如山东省人民代表大会常务委员会根据《中华人民共和国税收征收管理法》等法律、行政法规制定的《山东省地方税收保障条例》。

4. 自治条例和单行条例。民族自治地方（包括自治区、自治州和自治县，下同）的人民代表大会有权依照当地民族的政治、经济和文化的特点，制定自治条例和单行条例，按照规定报批以后生效。

5. 部门规章。有关税收的部门规章由财政部、国家税务总局、海关总署和国务院关税税则委员会等部门、机构根据有关法律、行政法规制定，如财政部、国家税务总局根据《中华人民共和国增值税暂行条例》制定的《中华人民共和国增值税暂行条例实施细则》，国家税务总局根据《中华人民共和国税收征收管理法》及其实施细则制定的《税务登记管理办法》，海关总署根据《中华人民共和国海关法》《中华人民共和国进出口关税条例》等法律、行政法规制定的《中华人民共和国海关进出口货物征税管理办法》。

6. 地方政府规章。省、自治区和直辖市的人民政府，可以根据法律、行政法规和本省（自治区、直辖市）的地方性法规，制定地方政府税收规章。例如，根据国务院发布的《中华人民共和国城镇土地使用税暂行条例》，各省、自治区和直辖市人民政府可以制定本地区实施该条例的具体办法。

7. 立法程序。法律、地方性法规、自治条例和单行条例的制定要经过提出立法议案、审议、表决通过和公布四道程序，行政法规、部门规章和地方政府规章的制定要经过立项、起草、审查、决定和公布五道程序。

此外，根据中国法律的规定，中央政府不在中国香港和中国澳门两个特别行政区征税，这两个特别行政区实行独立的税收制度。

（三）什么是税收制度？

税收制度简称税制，是指一个国家在税收管理方面所建立的制度，包括税种设置、税收征收管理制度和税收管理体制等内容。

税种设置是指国家按照一定的立法程序设立的各种税收，目前各国通常设有增值税、消费税、关税、企业（法人）所得税、个人所得税、社会保障税和房地产税等税种。

征收管理制度是指在税收征收管理方面制定的制度，主要涉及税务登记、账簿和凭证管理、纳税申报、税款征纳、税务检查和法律责任等内容。

税收管理体制是指在中央和地方各级政权之间划分税收管理权限（主要包括税收的立法权、征收管理权和收入归属权等）的规范。

具体的税收制度由法律、法规、规章和规范性文件等形式规定，这是税收征收机关、纳税人据以分别办理征税、纳税事项，中央和地方各级政权之间划分税收管理权限的法律依据。

（四）什么是税种？

税种是税收种类的简称，基本的征税单元，不同的征税对象是一个税种区别于另一个税种的主要标志。

税种的名称通常以征税对象来命名，如对增值额征收的税种称为增值税，对个人所得征收的税种称为个人所得税，对房地产征收的税种称为房地产税。

构成一个税种的主要因素有：征税对象、征收环节、纳税人、征收机关、税目、计税依据、税率、税收加征、免税、减税、起征点、免征额、纳税义务发生时间、纳税期限和纳税地点等。

通常每个税种都要制定一部实体税法，规定其具体的税制要素，由征收机关和纳税人双方遵照执行，如中国的《中华人民共和国增值税暂行条例》《中华人民共和国企业所得税法》和《中华人民共和国房产税暂行条例》等。

每个税种都有其特定的功能和作用，其产生、发展乃至消亡都依赖于一定的政治、经济和社会条件。随着时代的发展，一些新的税种会产生，一些旧的税种会变化或者消亡。在一个时期内，具体税种的选择与配置,主要取决于国家当时的政治、经济和社会情况。例如,中国在1979年以后逐步引进了世界上大多数国家实行的增值税制度,在2006年取消了本国实行了数千年的农业税制度。

中国现行税制由18个税种组成,即增值税、消费税、车辆购置税、关税、企业所得税、个人所得税、土地增值税、房产税、城镇土地使用税、耕地占用税、契税、资源税、车船税、船舶吨税、印花税、城市维护建设税、烟叶税和环境保护税。

(五)什么是征税对象?

征税对象又称课税对象、课税客体,税制要素之首,是指税法规定的征税的目的物,表明政府对什么征税。征税对象的种类很多,如货物、劳务(服务)、所得(收益)、财产、资源、特定目的和行为,乃至人身,等等。

根据征税对象的不同,税种可以分为货物和劳务税(如增值税、消费税),所得税(如企业所得税、个人所得税),财产税(如房地产税)等类别。征税对象只能表明课税客体的一般外延,征税时还必须在税法中作出相应的具体规定,即税目。

从税收发展的历史看,征税对象会随着社会生产力的发展而变化。在自然经济中,土地、人口是主要的征税对象;在商品经济中,货物、劳务和企业利润、个人所得等成为主要的征税对象。

(六)什么是税目?

税目又称课税品目,税制要素之一,是指税法规定的征税对象范围以内的具体征税项目。例如,中国现行的消费税设有烟、酒和小汽车等15个税目。

设置税目具有两方面的作用:一是明确某一种税的征收范围,体现征税的广度,凡属于列举税目以内的项目即为征税对象,否则即为非征税对象;二是对具体征税项目加以归类和界定,以便针对不同的税目确定适用税率和征收方法。

确定税目的方法主要有两种：

1. 列举法。即将征税对象逐一列出，如按照征税对象的经营项目或者收入项目等分别设置税目，必要时还可以在税目之下划分若干个子目。列举法的优点是界限清楚，便于掌握；缺点是税目过多时不便查找，有些项目不容易归类。

2. 概括法。即按照征税对象的类别设计税目，如按照货物类别和经营行业设计税目。概括法的优点是税目比较少，查找方便；缺点是税目过粗，不利于体现政府的特定政策。

在实际工作中，上述两种方法可以同时运用。例如，中国现行的资源税按照应税产品类别设置原油、天然气和煤炭等30个税目，其中稀土矿税目之下设轻稀土矿、中重稀土矿子目。

（七）什么是征税环节？

征税环节又称课税环节，是税制要素之一，是指税法规定的征税对象从生产、流通、分配到消费的过程中应当征税的环节。征税环节有广义和狭义之分：广义的征税环节是指全部征税对象在社会再生产过程中的分布，如货物和劳务税分布在生产、流通环节，所得税分布在分配环节等。这种分布制约着税制结构，对于政府取得财政收入和调节经济具有重要影响。狭义的征税环节是指应税货物在流转过程中应当征税的环节。在商品经济条件下，货物从生产到消费可能经过工业生产、商业批发和商业零售等多个环节，征税环节应当选择在货物流转过程中的必经环节。按照征税环节的多少，可以将税收征收制度划分为一次征收制（如在某些应税消费品出厂环节征收的消费税）和多次征收制（如在工业生产、商业批发和商业零售环节征收的增值税）。

（八）什么是纳税人？

纳税人又称纳税主体，是税制要素之一，是指法律、行政法规规定的负有纳税义务的自然人、法人和其他组织，表明政府对谁征税，或者由谁纳税。不同的税种有不同的纳税人，如中国增值税的纳税人是在中国境内销售货物，加工、修理和修配劳务，服务，无形资产，不动产和进口货物的单位、个人，企业所得税的纳税人是企业和取得所得的其他组织，个人所得税的纳税人是取得所得的个人，房产税的纳税人通常是房屋产权的所有人。

（九）什么是扣缴义务人？

扣缴义务人是税制要素之一，是指法律、行政法规的规定负有代扣代缴、代收代缴税款义务的单位和个人。例如，中国的个人所得税法第九条中规定："个人所得税以所得人为纳税人，以支付所得的单位或者个人为扣缴义务人。"中国的企业所得税法、增值税暂行条例等税收法律、行政法规中，也有关于扣缴义务人的规定。

确定扣缴义务人，有利于加强税收的源泉控制，简化征税手续，降低征税成本，减少税收流失。从源扣缴税款，也是目前各国税收管理特别是所得税管理中通行的做法。

（十）什么是计税依据？

计税依据是税制要素之一，是指计算应纳税额的根据，征税对象的数量表现。在采用比例税率和税额标准固定的情况下，计税依据的数额与应纳税额成正比例。

计税依据通常可以分为三种类型：第一类是从价计征的税收，以征税对象的金额（如销售额、所得额等）为计税依据，如增值税、企业所得税和个人所得税等。第二类是从量计征的税收，以征税对象的实物量为计税依据，实物量以税法规定的计量标准（如重量、面积、体积和容积等）计算，如中国的城镇土地使用税、车船税等。第三类是从价计征与从量计征相结合的税种，既以征税对象的金额作为计税依据从价计税，又以征税对象的实物量作为计税依据从量计税，然后以两者的合计数为应纳税额，如中国对卷烟、白酒征收的消费税。

(十一) 什么是起征点?

起征点又称征税起点,是税制要素之一,是指税法规定的计税依据应当征税的数量界限(起点)。计税依据数额达不到起征点的,免予征税;达到起征点的,按照计税依据全额征税。例如,中国增值税暂行条例及其实施细则中关于起征点的规定是:按期纳税的,为月销售额5000元至20000元;按次(日)纳税的,为每次(日)销售额300元至500元。纳税人的销售额没有达到上述起征点的,免征增值税;达到上述起征点的,按照其全部销售额征收增值税。

规定起征点主要是为了适当照顾收入、所得和财产等较少的纳税人,贯彻合理负担的原则。同时,可以适当缩小征税面,降低征税和纳税成本,提高征管工作效率。

(十二) 什么是免征额?

免征额是税制要素之一,是指税法规定准予从计税依据中扣除、免予征税的数额。在实行免征额制度的情况下,纳税人可以先从计税依据中扣除规定的免征额,然后就其余额计算纳税。

规定免征额主要是为了适当照顾收入、所得和财产等较少的纳税人,贯彻合理负担的原则。同时,可以适当缩小征税面,降低征税和纳税成本,提高征管工作效率。

与起征点制度相比,免征额制度更为合理,因为后者可以避免前者在临界点附近税负陡升陡降的现象。例如,某纳税人适用的起征点为销售额20000元,当其销售额为19999元时,不用缴纳增值税;销售额为21000元时,就需要按照21000元缴纳增值税。如果将上述起征点改为免征额,当纳税人的销售额为21000元时,只需要按照超过20000元的1000元缴纳增值税。

(十三) 什么是税率?

税率是税制要素之一,是指税法规定的应征税额与计税依据之间的比例。在计税依据确定的前提下,政府征税的数量和纳税人的税收负担水平就取决于税率,政府一定时期的税收政策也会体现在税率方面。科学、合理地设计税率是正确处理政府和纳税人之间的收入分配关系,发挥税收组织财政收入和经济调节作用的重要因素。

税率通常有三种主要形式:第一种是以相对量的形式规定的征收比例,即比例税率和累进税率,适用于从价计征的税种,如中国的车辆购置税采用10%的比例税率;对工资、薪金等所得征收的个人所得税采用3%至45%的7级超额累进税率。第二种是以绝对量的形式规定的固定征收额,即定额税率（又称税额标准）,适用于从量计征的税种,如中国的城镇土地使用税每平方米年税额标准为0.6元至30元。第三种是复合税率,即比例税率与定额税率相结合的税率,如中国对白酒征收的消费税,既要按照销售额和20%的税率征税,又要按照每500克（毫升）征税0.5元。

（十四）什么是征收率?

征收率又称"换算率",是税制要素之一,是指把税法规定的税率换算成另一计税依据的比例。其换算程序是：先按照法定税率和计税依据计算出应纳税额,再将应纳税额换算成另一计税依据的比例,即征收率。例如,中国增值税小规模纳税人销售货物、劳务适用的征收率为3%,这个征收率就是增值税税率的转化形式。

规定征收率的目的是简化应纳税额的计算和税收的征收管理,降低征税和纳税成本,提高征管工作效率。

（十五）什么是税收减免?

税收减免又称减税、免税,是税制要素之一,是指对纳税人的应纳税款给予减征、免征。

税收减免是税收优惠的重要形式之一,是政府根据经济发展的需要,以法律、法规等形式规定的对某些征税对象和纳税人的税收优惠措施。非经法律、法规等规定，任何单位、个人都不能擅自减免税收。

税收减免从性质上可以划分为政策减免、困难减免和一般减免。政策减免，是指配合国家的有关政策（如鼓励投资、促进消费等）给予的减税、免税。困难减免，是指纳税人因特殊情况（如遭遇自然灾害）纳税有困难而给予的减税、免税。一般减免，是指除了上述两种情况以外的减税、免税。

此外，税收减免从时间上可以划分为定期减免和不定期减免，前者限于在规定的期限以内减税、免税（如目前实行的小型微利企业减半征收企业所得税的规定）；后者则没有减税、免税的时间限制（如企业种植谷物、林木和饲养牲畜的所得免征企业所得税的规定）。

（十六）什么是税收加征？

税收加征是税制要素之一，是指在按照法定计税依据和税率计算的应纳税额的基础上加征一定比例的税收。中国的税收加征主要采取加成征收和加倍征收两种形式，前者是在按照法定计税依据和税率计算的应纳税额的基础上加征一定成数的税额（一成即应纳税额的10%），后者是在按照法定计税依据和税率计算的应纳税额的基础上加征一定倍数的税额（一倍即应纳税额的100%）。

税收加征实质上是税率的延伸，是在法定税率不变的情况下加重纳税人税收负担的一种措施。例如，为了维护中国的利益，国务院关税税则委员会曾经规定，对原产于美国的部分进口商品在现行关税税率的基础上加征关税。

（十七）什么是纳税义务发生时间？

纳税义务发生时间是税制要素之一，是指税法规定的纳税人应当承担纳税义务的起始时间。不同税种的纳税义务发生时间不尽相同。例如，中国的增值税暂行条例中规定：增值税的纳税义务发生时间,发生应税销售行为,为收讫销售款或者取得索取销售款凭据的当天;进口货物,为报关进口的当天。

规定纳税义务发生时间,一是为了明确纳税人承担纳税义务的具体日期;二是有利于征收机关实施税收管理,合理规定申报期限和纳税期限,监督纳税人依法履行纳税义务,保证税收收入。

(十八)什么是纳税期限?

纳税期限是税制要素之一,是指税法规定的纳税人发生纳税义务以后缴纳税款、扣缴义务人发生扣缴税款义务以后解缴税款的期限。纳税期限是根据纳税人的经营规模、应纳税额的多少和各个税种的不同特点确定的,包括纳税计算期和税款缴库期。

纳税计算期一般有两种情况:一是按期计算,即以纳税人发生纳税义务和扣缴义务人发生扣缴税款义务的一定期间作为纳税计算期。例如,中国的消费税暂行条例中规定:消费税的纳税期限分别为1天、3天、5天、10天、15天、1个月和1个季度。纳税计算期届满以后,纳税人、扣缴义务人即应缴纳应当缴纳的税款。二是按次计算,即以纳税人从事生产、经营活动的次数作为纳税计算期,一般适用于对某些特定行为的征税或者对临时经营者的征税,如印花税、契税等税种多在纳税人发生纳税义务以后按次计算应纳税额。

由于纳税人、扣缴义务人对纳税计算期内所取得的应税收入、应纳税款、代扣代收税款需要一定的时间办理结算和缴税手续,所以,税法规定了税款的入库期限,即税款缴库期。税款缴库期指纳税计算期届满以后纳税人、扣缴义务人报缴税款的法定期限。例如,中国的消费税暂行条例中规定:纳税人以1个月和1个季度为一期纳税的,自期满之日起15天以内申报纳税。

规定纳税期限,对于促进纳税人加强生产、经营管理,认真履行依法纳税义务,保证税收收入的稳定、及时,具有重要的意义。

(十九)什么是纳税地点?

纳税地点是税制要素之一,是指税法规定的纳税人申报缴纳税款、扣缴义务人申报解缴税款的具体地点。税法应当根据各个税种的征税环节和有利于税源控制的要求规定具体的纳税地点,总的原则是纳税人、扣缴义务人在其所在地申报纳税,同时考虑到某些纳税人、扣缴义务人的生产、经营和财务核算的特殊情况,通常有就地纳税、口岸纳税、集中纳税、营业行为所在地纳税和汇总纳税等。例如,中国的增值税暂行条例规定:固定业户应当向其机构所在地的主管税务机关申报纳税;固定业户到外县(市)销售货物、劳务,应当向其机构所在地的主管税务机关申报纳税;非固定业户销售货物、劳务,应当向销售地或者劳务发生地的主管税务机关申报纳税。

合理规定纳税人申报纳税的地点,可以便利纳税人缴纳税款,也有利于征收机关加强税源控管,防止税收流失。

(二十)中国现行税收基本法律、法规和规章有哪些?

中国现行税收基本法律、法规和规章发布、实施的情况,详见表1《中国现行税收基本法规目录》。

表1　　　　　　　中国现行税收基本法规目录

1.《中华人民共和国增值税暂行条例》,1993年12月13日中华人民共和国国务院令第134号发布,自1994年1月1日起施行;2017年11月19日中华人民共和国国务院令第691号第三次修改并公布,自当日起施行。

《中华人民共和国增值税暂行条例实施细则》,1993年12月25日财政部财法字〔1993〕38号发布,2011年10月28日中华人民共和国财政部、国家税务总局令第65号修改并公布。

2016年3月23日,经国务院批准,财政部、国家税务总局发布《关于全面推开营业税改征增值税试点的通知》,自当年5月1日起执行。

续表

2. 《中华人民共和国消费税暂行条例》，1993年12月13日中华人民共和国国务院令第135号发布，自1994年1月1日起施行；2008年11月10日中华人民共和国国务院令第539号修订并公布，自2009年1月1日起施行。 《中华人民共和国消费税暂行条例实施细则》，1993年12月25日财政部财法字〔1993〕39号发布，2008年12月15日中华人民共和国财政部、国家税务总局令第51号修订并公布。
3. 《中华人民共和国车辆购置税暂行条例》，2000年10月22日中华人民共和国国务院令第294号公布，自2001年1月1日起施行。 《中华人民共和国车辆购置税法》，2018年12月29日第十三届全国人民代表大会常务委员会第七次会议通过，当日中华人民共和国主席令第19号公布，自2019年7月1日起施行。
4. 《中华人民共和国海关法》（其中第五章为《关税》），1987年1月22日第六届全国人民代表大会常务委员会第十九次会议通过，当日中华人民共和国主席令第51号公布，自当年7月1日起施行；2017年11月4日第十二届全国人民代表大会常务委员会第三十次会议第五次修正，当日中华人民共和国主席令第81号公布，自当日起施行。 《中华人民共和国进出口关税条例》，2003年11月23日中华人民共和国国务院令第392号公布，自2004年1月1日起施行，2017年3月1日中华人民共和国国务院令第676号第四次修改。
5. 《中华人民共和国企业所得税法》，2007年3月16日第十届全国人民代表大会第五次会议通过，当日中华人民共和国主席令第63号公布，自2008年1月1日起施行；2018年12月29日第十三届全国人民代表大会常务委员会第七次会议第二次修正，当日中华人民共和国主席令第23号公布，自当日起施行。 《中华人民共和国企业所得税法实施条例》，2007年12月1日中华人民共和国国务院令第512号公布，2019年4月23日中华人民共和国国务院令第714号修改。

续表

6.《中华人民共和国个人所得税法》，1980年9月10日第五届全国人民代表大会第三次会议通过，当日全国人民代表大会常务委员会委员长令第11号公布，自当日起施行；2018年8月31日第十三届全国人民代表大会常务委员会第五次会议第七次修正，当日中华人民共和国主席令第9号公布，自2019年1月1日起施行。 《中华人民共和国个人所得税法实施条例》，1994年1月28日中华人民共和国国务院令第142号发布，2018年12月18日中华人民共和国国务院令第707号第四次修改并公布。
7.《中华人民共和国土地增值税暂行条例》，1993年12月13日中华人民共和国国务院令第138号发布，自1994年1月1日起施行，2011年1月8日中华人民共和国国务院令第588号修改。 《中华人民共和国土地增值税暂行条例实施细则》，1995年1月27日财政部财法字〔1995〕6号发布。
8.《中华人民共和国房产税暂行条例》，1986年9月15日国务院文件国发〔1986〕90号发布，自当年10月1日起施行，2011年1月8日中华人民共和国国务院令第588号修改。 上述暂行条例的实施细则由各省、自治区和直辖市人民政府自行制定，送财政部备案。
9.《中华人民共和国城镇土地使用税暂行条例》，1988年9月27日中华人民共和国国务院令第17号发布，自当年11月1日起施行；2019年3月2日中华人民共和国国务院令第709号第四次修改。 上述暂行条例的实施办法由各省、自治区和直辖市人民政府自行制定。
10.《中华人民共和国耕地占用税暂行条例》，2007年12月1日中华人民共和国国务院令第511号公布，自2008年1月1日起施行。 《中华人民共和国耕地占用税暂行条例实施细则》，2008年2月26日中华人民共和国财政部、国家税务总局令第49号公布。 《中华人民共和国耕地占用税法》，2018年12月29日第十三届全国人民代表大会常务委员会第七次会议通过，当日中华人民共和国主席令第18号公布，自2019年9月1日起施行。

续表

11.《中华人民共和国契税暂行条例》，1997年7月7日中华人民共和国国务院令第224号发布，自当年10月1日起施行；2019年3月2日中华人民共和国国务院令第709号修改。

《中华人民共和国契税暂行条例细则》，1997年10月28日财政部财法字〔1997〕52号发布。

12.《中华人民共和国资源税暂行条例》，1993年12月25日中华人民共和国国务院令第139号发布，自1994年1月1日起施行；2011年9月30日中华人民共和国国务院令第605号修改并公布，自当年11月1日起施行。

《中华人民共和国资源税暂行条例实施细则》，1993年12月30日财政部财法字〔1993〕43号发布，2011年10月28日中华人民共和国财政部、国家税务总局令第66号修改并公布。

2016年5月9日，根据中共中央、国务院的部署，财政部、国家税务总局发出《关于全面推进资源税改革的通知》，自当年7月1日起实施。

13.《中华人民共和国车船税法》，2011年2月25日第十一届全国人民代表大会常务委员会第十九次会议通过，当日中华人民共和国主席令第43号公布，自2012年1月1日起施行；2019年4月23日第十三届全国人民代表大会常务委员会第十次会议修正，同日中华人民共和国主席令第29号公布，自当日起施行。

《中华人民共和国车船税法实施条例》，2011年12月5日中华人民共和国国务院令第611号公布，2019年3月2日中华人民共和国国务院令第709号修改。

14.《中华人民共和国船舶吨税法》，2017年12月27日第十二届全国人民代表大会常务委员会第三十一次会议通过，当日中华人民共和国主席令第85号公布，自2018年7月1日起施行；2018年10月26日第十三届全国人民代表大会常务委员会第六次会议修正，同日中华人民共和国主席令第16号公布，自当日起施行。

续表

15.《中华人民共和国印花税暂行条例》，1988年8月6日中华人民共和国国务院令第11号发布，自当年10月1日起施行，2011年1月8日中华人民共和国国务院令第588号修改。 《中华人民共和国印花税暂行条例施行细则》，1988年9月29日财政部财税字〔1988〕255号发布。
16.《中华人民共和国城市维护建设税暂行条例》，1985年2月8日国务院文件国发〔1985〕19号发布，自当年1月1日起施行，2011年1月8日中华人民共和国国务院令第588号修改。 各省、自治区和直辖市人民政府可以根据上述暂行条例自行制定实施细则，送财政部备案。
17.《中华人民共和国烟叶税法》，2017年12月27日第十二届全国人民代表大会常务委员会第三十一次会议通过，当日中华人民共和国主席令第84号公布，自2018年7月1日起施行。
18.《中华人民共和国环境保护税法》，2016年12月25日第十二届全国人民代表大会常务委员会第二十五次会议通过，当日中华人民共和国主席令第61号公布，自2018年1月1日起施行；2018年10月26日第十三届全国人民代表大会常务委员会第六次会议修正，同日中华人民共和国主席令第16号公布，自当日起施行。 《中华人民共和国环境保护税法实施条例》，2017年12月25日中华人民共和国国务院令第693号公布。
19.《全国人民代表大会常务委员会关于外商投资企业和外国企业适用增值税、消费税、营业税等税收暂行条例的决定》，1993年12月29日第八届全国人民代表大会常务委员会第五次会议通过，当日中华人民共和国主席令第18号公布，自当日起施行。 《国务院关于外商投资企业和外国企业适用增值税、消费税、营业税等税收暂行条例有关问题的通知》，1994年2月22日国务院文件国发〔1994〕10号发布，自当年1月1日起施行。

续表

20.《中华人民共和国税收征收管理法》,1992年9月4日第七届全国人民代表大会常务委员会第二十七次会议通过,当日中华人民共和国主席令第60号公布,自1993年1月1日起施行;2001年4月28日第九届全国人民代表大会常务委员会第二十一次会议修订,当日中华人民共和国主席令第49号公布,自当年5月1日起施行;2015年4月24日第十二届全国人民代表大会常务委员会第十四次会议第三次修正,当日中华人民共和国主席令第23号公布,自当日起施行。 《中华人民共和国税收征收管理法实施细则》,2002年9月7日中华人民共和国国务院令第362号公布,2016年2月6日中华人民共和国国务院令第666号第三次修改。
21.《中华人民共和国发票管理办法》,1993年12月12日国务院批准,当年12月23日中华人民共和国财政部令第6号发布,自当日起施行;2019年3月2日中华人民共和国国务院令第709号第二次修正。 《中华人民共和国发票管理办法实施细则》,2011年2月14日国家税务总局令第25号公布,2018年6月15日国家税务总局令第44号第二次修改并公布。
22.《全国人民代表大会常务委员会关于惩治虚开、伪造和非法出售增值税专用发票的决定》,1995年10月30日第八届全国人民代表大会常务委员会第十六次会议通过,当日中华人民共和国主席令第57号公布,自当日起施行。
23.《税务行政复议规则》,2010年2月10日国家税务总局令第21号公布,自当年4月1日起施行;2018年6月15日国家税务总局令第44号第二次修改并公布,自当日起施行。
24.《中华人民共和国海关进出口货物征税管理办法》,2005年1月4日中华人民共和国海关总署令第124号公布,自当年7月1日起施行;2018年5月29日中华人民共和国海关总署令第240号第四次修改并公布,自当年7月1日起施行。

此外，为了更好地实行对外开放政策，促进对外经济、技术、人才交流与合作，截至2019年6月1日，中国已经先后同日本、美国、法国、英国、比利时、德国、马来西亚、挪威、丹麦、新加坡、加拿大、芬兰、瑞典、新西兰、泰国、意大利、荷兰、原捷克斯洛伐克、波兰、澳大利亚、原南斯拉夫联邦、保加利亚、巴基斯坦、科威特、瑞士、塞浦路斯、西班牙、罗马尼亚、奥地利、巴西、蒙古、匈牙利、马耳他、阿拉伯联合酋长国、卢森堡、韩国、俄罗斯、巴布亚新几内亚、印度、毛里求斯、克罗地亚、白俄罗斯、斯洛文尼亚、以色列、越南、土耳其、乌克兰、亚美尼亚、牙买加、冰岛、立陶宛、拉脱维亚、乌兹别克斯坦、孟加拉国、原南斯拉夫联盟、苏丹、北马其顿（原名马其顿）、埃及、葡萄牙、爱沙尼亚、老挝、塞舌尔、菲律宾、爱尔兰、南非、巴巴多斯、摩尔多瓦、卡塔尔、古巴、委内瑞拉、尼泊尔、哈萨克斯坦、印度尼西亚、阿曼、尼日利亚、突尼斯、伊朗、巴林、希腊、吉尔吉斯斯坦、摩洛哥、斯里兰卡、特立尼达和多巴哥、阿尔巴尼亚、文莱、阿塞拜疆、格鲁吉亚、墨西哥、沙特阿拉伯、阿尔及利亚、塔吉克斯坦、埃塞俄比亚、捷克、土库曼斯坦、赞比亚、叙利亚、乌干达、博茨瓦纳、厄瓜多尔、智利、津巴布韦、柬埔寨、肯尼亚、加蓬、刚果（布）、安哥拉、阿根廷107个国家签订了关于避免对所得双重征税和防止偷漏税的协定，其中同100个国家（上述国家均不包括已经不存在，而且有关协定已经失效的国家）签订的协定已经生效并且执行。其中，同原捷克斯洛伐克签订的协定仍然适用于斯洛伐克，同原南斯拉夫联邦签订的协定仍然适用波斯尼亚和黑塞哥维那，同原南斯拉夫联盟签订的协定仍然适用于塞尔维亚、黑山。

在多边国际税收合作方面，2015年7月1日，第十二届全国人民代表大会常务委员会第十五次会议决定批准2013年8月27日中国政府代表在巴黎签署的《多边税收征管互助公约》。该公约2016年2月1日对中国生效，自2017年1月1日起执行。

二、增值税

（一）什么是增值税？

增值税以销售货物、劳务等过程中增加的价值和进口货物的价值为征税对象，是目前各国普遍征收的一种税收。1993年12月13日，国务院发布《中华人民共和国增值税暂行条例》，自1994年1月1日起施行。2017年11月19日，国务院第三次修改该条例，当日公布施行。1993年12月25日，财政部发布《中华人民共和国增值税暂行条例实施细则》；2011年10月28日，财政部、国家税务总局对该细则作了第二次修改。

增值税由税务机关负责征收管理，进口环节的增值税由海关代为征收管理；所得收入由中央政府与地方政府共享，是中央政府财政收入最主要的来源，也是地方政府税收收入的主要来源之一。2017年，增值税收入为57807.8亿元，占当年中国税收总额的40%，居各税之首。

（二）增值税的纳税人、扣缴义务人有哪些？

增值税的纳税人，包括在中国境内销售货物，加工、修理和修配劳务（以下简称"劳务"），服务，无形资产，不动产和进口货物的企业、行政单位、事业单位、军事单位、社会团体、其他单位、个体工商户和其他个人。

上述销售货物是指有偿转让货物的所有权；销售劳务是指有偿提供劳务，但是不包括单位、个体工商户聘用的员工为本单位、雇主提供劳务；销售服务、无形资产和不动产是指有偿提供服务、转让无形资产和不动产，但是不包括非营业活动中的服务（如行政单位按照规定收取政府性基金、行政事业性收费，单位、个体工商户聘用的员工为本单位、雇主提供取得工资的服务，单位、个体工商户为聘用的员工提供服务）。

上述在中国境内销售货物、劳务、服务、无形资产和不动产（以下统称"应税销售行为"），分别指销售货物的起运地或者所在地在中国境内；销售的劳务发生在中国境内；服务（租赁不动产除外）、无形资产（自然资源使用权除外）的销售方或者购买方在中国境内，销售、租赁的不动产在中国境内，销售自然资源使用权的自然资源在中国境内等情况。

中国境外的单位、个人在中国境内发生应税销售行为，没有在中国境内设立经营机构的，其应纳增值税以其中国境内的代理人为扣缴义务人；在中国境内没有代理人的，以购买方为扣缴义务人。

目前，中国的增值税收入主要来自采矿业、制造业、电力生产和供应业、批发和零售业、交通运输业、建筑业、银行业、房地产业和商务服务业等行业的国有企业、私营企业、股份制企业、外商投资企业和进口货物。

（三）哪些行为视同销售货物、劳务？什么是混合销售行为？

单位、个体工商户的下列行为，视同销售货物：将货物交付其他单位、个人代销；销售代销货物；设有两个机构并实行统一核算的纳税人，将货物从一个机构移送其他机构用于销售（相关机构设在同一县、市的除外）；将自己生产、委托加工的货物用于非增值税应税项目、集体福利和个人消费；将自产、委托加工和购买的货物作为投资，提供给其他单位、个体工商户，分配给股东、投资者，无偿赠送其他单位、个人。

下列情形视同销售服务、无形资产和不动产：单位、个体工商户向其他单位、个人无偿提供服务，向其他单位、个人无偿转让无形资产和不动产,用于公益事业和以公众为对象的除外;财政部、国家税务总局规定的其他情形。

如果一项销售行为既涉及货物,又涉及服务,称为混合销售行为。从事货物生产、批发和零售的单位、个体工商户(包括以从事货物生产、批发和零售为主,兼营销售服务的单位、个体工商户)的混合销售行为,按照销售货物缴纳增值税;其他单位、个体工商户的混合销售行为,按照销售服务缴纳增值税。

(四)一般纳税人和小规模纳税人是怎样划分的?

增值税的纳税人分为一般纳税,以年应征增值税销售额为标准,超过 500 万元的为一般纳税人,不超过 500 万元的为小规模纳税人。

小规模纳税人的标准,由财政部、国家税务总局规定。

符合一般纳税人标准的纳税人,应当在税务机关办理一般纳税人资格登记。除了国家税务总局另有规定以外,纳税人登记为一般纳税人以后,不能转为小规模纳税人。

销售额达到上述标准的其他个人,按照小规模纳税人缴纳增值税;非企业性单位,不经常发生应税销售行为的单位、个体工商户,可以选择按照小规模纳税人缴纳增值税。

小规模纳税人会计核算健全,能够提供准确税务资料的,可以向税务机关办理一般纳税人资格登记。

(五)增值税的税目、税率是怎样规定的?

增值税设有 24 个税目,根据不同的货物、劳务和服务等征税对象分别采用差别比例税率和零税率,详见表 2《增值税税目、税率表》。

表 2　　　　　　　　增值税税目、税率表

税目	征收范围	税率（%）
1. 出口货物	不包括国家禁止出口的货物（如天然牛黄、麝香、铜和铜基合金等）和国家限制出口的部分货物（如矿砂及精矿、钢铁初级产品、原油、车用汽油、煤炭、原木、尿素产品、山羊绒、鳗鱼苗和某些援外货物）	0
2. 农业产品	包括粮食、蔬菜、烟叶（不包括复烤烟叶）、茶叶（包括各种毛茶）、园艺植物、药用植物、油料植物、纤维植物、糖料植物和其他植物，林业产品，水产品，畜牧产品，动物皮张、动物毛绒和其他动物组织	9
3. 食用植物油	包括芝麻油、花生油、豆油、菜籽油、葵花籽油、棉籽油、玉米胚油、茶油、胡麻油、核桃油和以上述油为原料生产的混合油	9
4. 食用盐		9
5. 自来水		9
6. 暖气、冷气和热水	含利用工业余热生产、回收的暖气、热水	9
7. 煤气	包括焦炉煤气、发生炉煤气和液化煤气	9
8. 石油液化气		9
9. 天然气	包括气田天然气、油田天然气、煤田天然气和其他天然气	9
10. 二甲醚		9
11. 沼气	包括天然沼气、人工生产的沼气	9

续表

税目	征收范围	税率（%）
12. 居民用煤炭制品	包括煤球、煤饼、蜂窝煤和引火炭	9
13. 图书、报纸、杂志、音像制品和电子出版物		9
14. 饲料	包括单一饲料、混合饲料和配合饲料，不包括直接用于动物饲养的粮食、饲料添加剂	9
15. 化肥	包括化学氮肥、磷肥、钾肥、复合肥料、微量元素肥和其他化肥	9
16. 农药	包括杀虫剂、杀菌剂、除草剂、植物生长调节剂、植物性农药、微生物农药、卫生用药和其他农药原药、农药制剂	9
17. 农业机械	包括拖拉机、土壤耕整机械、农田基本建设机械、种植机械、植物保护管理机械、收获机械、场上作业机械、排灌机械、农副产品加工机械、农业运输机械（不包括三轮农用运输车以外的农用汽车）、畜牧业机械、渔业机械（不包括机动渔船）、林业机械（不包括森林砍伐机械和集材机械）、农具（不包括农业机械零部件）	9
18. 农用塑料薄膜		9
19. 原油	包括天然原油、人造原油	13
20. 其他货物	包括纳税人销售、进口的上述货物以外的货物	13
21. 加工、修理和修配劳务		13

续表

税目	征收范围	税率（%）
22. 销售服务		
（1）交通运输服务	包括陆路运输服务、水路运输服务、航空运输服务、航天运输服务和管道运输服务，无运输工具承运业务	9
（2）邮政服务	包括邮政普遍服务、邮政特殊服务和其他邮政服务	9
（3）电信服务		
①基础电信服务		9
②增值电信服务		6
（4）建筑服务	包括工程服务、安装服务、修缮服务、装饰服务和其他建筑服务	9
（5）金融服务	包括贷款服务、直接收费金融服务、保险服务和金融商品转让	6
（6）现代服务		
①不动产租赁服务		9
②有形动产租赁服务		13
③其他服务	包括研发和技术服务、信息技术服务、文化创意服务、物流辅助服务、租赁服务、鉴证咨询服务、广播影视服务、商务辅助服务和其他现代服务	6
（7）生活服务	包括文化体育服务、教育医疗服务、旅游娱乐服务、餐饮住宿服务、居民日常服务和其他生活服务	6
（8）中国境内单位、个人跨境提供应税服务	包括国际运输服务、航天运输服务、规定的向中国境外单位提供的完全在中国境外消费的服务等	0

续表

税目	征收范围	税率（%）
23. 销售无形资产		
（1）转让土地使用权	转让技术、商标、著作权、商誉、自然资源和其他权益性无形资产使用权、所有权	9
（2）转让其他无形资产		6
（3）中国境内单位、个人跨境转让无形资产		0
24. 销售不动产	转让建筑物、构筑物等不动产所有权	9

如果纳税人发生应税销售行为，适用不同的增值税税率、征收率，应当分别核算适用不同税率、征收率的销售额；没有分别核算的，应当按照下列方法适用税率、征收率：兼有适用不同税率的应税销售行为的，从高适用税率；兼有适用不同征收率的应税销售行为的，从高适用征收率；兼有适用不同税率、征收率的应税销售行为的，从高适用税率。

（六）一般纳税人怎样计算应纳增值税税额？

一般纳税人在计算应纳增值税税额的时候，应当先分别计算其当期销项税额和进项税额，然后以销项税额扣除进项税额之后的余额为应纳税额。

应纳税额计算公式：

应纳税额 = 当期销项税额 – 当期进项税额

例：某商场本月增值税销项税额为130万元，进项税额为104万元，该商场本月应纳增值税税额的计算方法如下：

应纳税额 = 130 – 104 = 26（万元）

纳税人在计算其应纳增值税税额的时候，如果当期销项税额小于当期进项税额,不足扣除,其不足部分可以结转下期继续扣除;符合规定的,可以退税。

(七) 什么是销项税额?怎样计算销项税额?

纳税人发生应税销售行为,按照销售额和增值税适用税率计算并向购买方收取的增值税税额,称为销项税额。

销项税额计算公式:

当期销项税额 = 当期销售额 × 适用税率

例:某钢铁公司向某机械公司出售一批钢材,销售价格为500万元,增值税适用税率为13%,上述钢铁公司应当向上述机械公司收取的增值税销项税额的计算方法如下:

销项税额 = 500 × 13% = 65(万元)

当期销售额,包括纳税人当期发生应税销售行为的时候从购买方取得的全部价款和价外费用,纳税人按此计算当期销项税额,在向购买方收取货款等收入以外同时收取。

上述价外费用,包括纳税人在价外向购买方收取的各种费用,但是不包括下列项目:

1. 受托加工应征消费税的消费品代收代缴的消费税。

2. 同时符合下列条件代为收取的政府性基金和行政事业性收费:由国务院或者财政部批准设立的政府性基金,由国务院或者省级人民政府及其财政、价格主管部门批准设立的行政事业性收费;收取时开具省级以上财政部门监(印)制的财政票据;所收款项全额上缴财政部门。

3. 销售货物的同时代办保险向购买方收取的保险费,向购买方收取的代购买方缴纳的车辆购置税、车辆牌照费。

4. 以委托方名义开具发票,代委托方收取的款项。

纳税人发生应税销售行为,采用销售额与销项税额合并定价方法的,应当按照下列公式计算不含增值税的销售额:

不含增值税销售额 = 含增值税销售额 ÷ (1 + 增值税适用税率)

例：某运输公司本月取得含增值税的运输收入109万元，增值税适用税率为9%，该公司本月不含增值税的销售额和销项税额的计算方法如下：

不含增值税销售额 = 109 ÷ (1 + 9%) = 100（万元）

销项税额 = 100 × 9% = 9（万元）

（八）什么是进项税额？哪些进项税额可以抵扣？

纳税人购进货物、劳务、服务、无形资产和不动产的时候支付或者负担的增值税税额，称为进项税额。

下列进项税额可以抵扣销项税额：

1. 纳税人从销售方取得的增值税专用发票上注明的增值税税额。

2. 纳税人进口货物，从海关取得的海关进口增值税专用缴款书上注明的增值税税额。

3. 纳税人购进农产品，除了取得增值税专用发票、海关进口增值税专用缴款书和另有规定者以外，按照农产品收购发票、销售发票上注明的农产品买价和9%的扣除率计算的进项税额。

进项税额计算公式：

进项税额 = 买价 × 9%

纳税人购进用于生产、委托加工13%税率货物的农产品，可以按照10%的扣除率计算进项税额。

自2019年4月1日至2021年12月31日，提供邮政服务、电信服务、现代服务和生活服务取得的销售额占全部销售额比重超过50%的纳税人，可以按照当期可抵扣进项税额加计10%，抵减应纳税额。

4. 从中国境外单位、个人购进劳务、服务、无形资产和中国境内的不动产，从税务机关、扣缴义务人取得的代扣代缴税款的完税凭证上注明的增值税税额。

(九) 哪些项目的进项税额不能抵扣？

下列项目的进项税额不能抵扣销项税额：

1. 用于适用简易计税方法的计税项目，免征增值税项目，集体福利、个人消费的购进货物、劳务、服务、无形资产和不动产。其中涉及的固定资产、无形资产（另有规定者除外）和不动产，仅指专用于上述项目者。

2. 非正常损失的购进货物和相关的劳务、交通运输服务。

3. 非正常损失的在产品、产成品耗用的购进货物（不包括固定资产）、劳务和交通运输服务。

4. 非正常损失的不动产及其耗用的购进货物、设计服务和建筑服务。

5. 非正常损失的不动产在建工程耗用的购进货物、设计服务和建筑服务。

6. 购进的贷款服务、餐饮服务、居民日常服务和娱乐服务。

7. 国务院规定的其他项目。

（十）小规模纳税人怎样计算应纳增值税税额？

小规模纳税人发生应税销售行为，适用简易计税方法计税，在计算应纳增值税税额的时候，应当以发生应税销售行为取得的销售额为计税依据，按照3%（国务院另有规定者除外）的征收率计算应纳税额，连同销售价款一并向购买方收取，然后上缴税务机关。

应纳税额计算公式：

应纳税额 = 销售额 × 适用征收率

简易计税方法应纳税额计算公式中的销售额，不包括应纳增值税税额。纳税人采用销售额与应纳增值税税额合并定价方法的，应当按照下列公式计算不含应纳增值税的销售额：

不含增值税销售额 = 含增值税销售额 ÷（1 + 适用征收率）

例：个体经营者张某经营的商店本月含增值税的销售额为123600元，该商店本月不含增值税的销售额和应纳增值税税额的计算方法如下：

不含增值税销售额 = 123600 ÷ (1 + 3%) = 120000（元）

应纳税额 = 120000 × 3% = 3600（元）

（十一）哪些一般纳税人可以采用简易办法计算缴纳增值税？

属于一般纳税人的药品经营企业销售生物制品，一般纳税人销售自产的下列货物，可以选择适用简易计税方法，按照销售额和3%的征收率计算缴纳增值税，而且计税方法选定以后3年之内不能改变：县以下小型水力发电单位生产的电力；用于建筑和生产建筑材料的砂、土、石料；以自己采掘的砂、土、石料和其他矿物连续生产的砖、瓦、石灰（不包括黏土实心砖、瓦）；用微生物，微生物代谢产物，动物毒素，人、动物的血液、组织制成的生物制品；自来水；商品混凝土（仅限于以水泥为原料生产的水泥混凝土）。

一般纳税人发生财政部、国家税务总局规定的特定应税销售行为，可以选择适用简易计税方法计算缴纳增值税，但是选择以后36个月之内不能改变。上述特定应税销售行为，包括公共交通运输服务；经认定的动漫企业为开发动漫产品提供的动漫脚本编撰、形象设计、背景设计、动画设计、分镜、动画制作、摄制、描线、上色、画面合成、配音、配乐、音效合成、剪辑、字幕制作、压缩转码服务和在中国境内转让动漫版权；电影放映服务、仓储服务、装卸搬运服务、收派服务、文化体育服务、非学历教育服务和人力资源外包服务；以营业税改征增值税以前取得的有形动产为标的物提供的经营租赁服务；在营业税改征增值税以前签订的没有执行完毕的有形动产租赁合同；以清包工方式提供的建筑服务；为甲供工程提供的建筑服务；为2016年4月30日以前开工的建筑工程项目的建筑服务；销售2016年4月30日以前取得、自建的不动产；出租2016年4月30日以前取得的不动产；房地产开发企业销售、出租自行开发的房地产老项目；2016年4月30日以前签订的不动产融资租赁合同、以2016年4月30日以前取得的不动产提供的融资租赁服务；非企业性单位中的一般纳税人提供研发和技术服务、信息技术服务、鉴证咨询服务、技术转让、技术开发和与之相关的技术咨询、技术服务，销售技术、著作权等无形资产；提供教育辅助服务，农村信用社等金融机构在县以下地区的农村合作银行和农村商业银行提供金融服务取得的收入，等等。其中，纳税人销售其2016年4月30日前取得、自建的不动产，出租2016年4月30日以前取得的不动产，房地产开发企业出租自行开发的房地产老项目，2016年4月30日以前签订的不动产融资租赁合同、以2016年4月30日以前取得的不动产提供的融资租赁服务，人力资源外包服务，征收率为5%；其他项目，征收率为3%。

一般纳税人、小规模纳税人提供劳务派遣服务，可以选择适用简易计税方法，以取得的全部价款、价外费用扣除代用工单位支付给劳务派遣员工的工资、福利和为其办理社会保险、住房公积金以后的余额为销售额，按照5%的征收率计算缴纳增值税。纳税人提供安全保护服务，比照上述规定执行。

纳税人转让2016年4月30日以前取得的土地使用权，可以选择适用简易计税方法，以取得的全部价款、价外费用扣除取得该土地使用权原价以后的余额为销售额，按照5%的征收率计算缴纳增值税。

此外，中外合作油（气）田销售原油、天然气；小规模纳税人销售其取得、自建的不动产（不包括个体工商户销售购买的住房和其他个人销售不动产），小规模纳税人出租其取得的不动产，其他个人出租其取得的不动产；房地产开发企业中的小规模纳税人销售、出租自行开发的房地产项目，等等，也适用5%的征收率。

资管产品管理人运营资管产品过程中发生的增值税应税行为，暂时适用简易计税方法和3%的征收率。

（十二）怎样计算应当扣缴的增值税？

中国境外的单位、个人在中国境内发生应税销售行为，没有在中国境内设立经营机构的，扣缴义务人应当按照下列公式计算应当扣缴的增值税税额：

应扣缴税额 = 购买方支付的价款 ÷（1 + 适用税率）× 适用税率

例：中国境外的甲公司向中国境内的乙公司提供一项咨询服务，乙公司向甲公司支付咨询费 212 万元，增值税适用税率为 6%。甲公司没有在中国境内设立经营机构，乙公司应当依法代扣代缴甲公司提供上述服务应当缴纳的增值税，应扣缴税额的计算方法如下：

应扣缴税额 = 212 ÷（1 + 6%）× 6% = 12（万元）

（十三）进口货物怎样计算缴纳增值税？

纳税人进口应税货物，应当以组成计税价格为计税依据，按照法定的适用税率，计算应纳增值税税额。

应纳税额计算公式：

应纳税额 = 组成计税价格 × 增值税适用税率

组成计税价格 = 关税完税价格 + 关税

纳税人进口应当缴纳消费税的货物时，在组成计税价格中还应当加计应纳消费税税额。

组成计税价格 = 关税完税价格 + 关税 + 消费税

例：某外贸公司进口一批农业机械，组成计税价格为 1000 万元，增值税适用税率为 9%，该公司进口上述农业机械应纳增值税税额的计算方法如下：

应纳税额 = 1000 × 9% = 90（万元）

（十四）增值税的主要免税、减税规定有哪些？

免征增值税的主要项目如下：种子、农药和农业机械等规定的农业生产资料，农业生产单位和个人销售的自产初级农业产品，来料加工复出口的货物，企业为生产规定的高新技术产品进口的自用设备和配套技术、配件、备件，符合规定条件的企业为生产国家支持发展的重大技术装备、产品确有必要进口部分关键零部件、原材料，避孕药品和用具，向社会收购的古旧图书，直接用于科学研究、科学试验和教学的进口仪器、设备，外国政府、国际组织无偿援助、赠送的进口物资和设备，中国境外的自然人、法人和其他组织按照规定向受赠人捐赠进口的直接用于慈善事业的物资，中国境外的捐赠人按照规定捐赠的直接用于各类职业学校、高中、初中、小学、幼儿园教育的教学仪器、图书、资料和一般学习用品，规定的进口供残疾人专用的物品，专供残疾人使用的假肢、轮椅和矫形器，残疾人个人提供的劳务、服务，小规模纳税人出口的货物（另有规定者除外），个人销售自己使用过的物品，托儿所、幼儿园提供的保育、教育服务，从事学历教育的学校提供的教育服务，学生勤工俭学提供的服务，养老机构提供的养老服务、残疾人福利机构提供的育养服务、婚姻介绍服务和殡葬服务，医疗机构提供的医疗服务，农业机耕、排灌、病虫害防治、植物保护、农牧保险和相关的技术培训业务，家禽、牲畜和水生动物的配种、疾病防治，纪念馆、博物馆、文化馆、文物保护单位管理机构、美术馆、展览馆、书画院和图书馆在自己的场所提供文化服务取得的第一道门票收入，寺院、宫观、清真寺和教堂举办文化、宗教活动的门票收入，非行政单位收取的政府性基金、行政事业性收费，提供技术转让、技术开发和与之相关的技术咨询、技术服务，个人转让著作权，台湾航运公司、航空公司从事海峡两岸海上直航、空中直航业务从大陆取得的运输收入，规定的债务利息（如国债、地方政府债、中国人民银行对金融机构贷款和国家助学贷款等），销售额没有到达法定起征点的，等等。

下列项目在增值税方面也可以享受一定的优惠（如先征后退、免税、减税、退税和即征即退等）：中国共产党和各民主党派、人民代表大会、人民政治协商会议、人民政府、工会、共产主义青年团、妇女联合会、残疾人联合会、科学技术协会、新华社和军事部门的机关报刊，专为少年儿童、老年人出版发行的报刊，中学、小学学生课本，少数民族文字出版物，盲文图书，期刊，经批准在民族自治地区注册的出版单位出版的出版物，其他规定的图书、报刊，音像制品，电子出版物，少数民族文字出版物的印刷、制作业务，图书批发、零售，电影企业销售的电影拷贝和转让电影版权、发行电影、在农村放映电影，黄金、铂金，纳税人销售自行开发生产的软件产品、本地化改造以后的进口软件产品，离岸服务外包业务，抗艾滋病病毒药品，安置残疾人就业的单位、个体工商户，随军家属、军队转业干部、退役士兵和重点群体创业就业，资源综合利用产品和劳务，利用太阳能、风力生产的电力，旧货，管道运输服务，公共租赁住房，个人出售、出租住房，科普单位的门票收入，金融机构向农户、小型企业、微型企业和个体工商户发放小额贷款取得的利息，公共租赁住房（以下简称"公租房"）的租金，农村饮水工程运营管理单位，国产抗艾滋病病药品，社会团体收取的会费，外国驻华使（领）馆及其馆员，等等。

纳税人出口货物和应税劳务、服务，可以按照规定退（免）增值税。

（十五）增值税的起征点是怎样规定的？

个人纳税人（不包括登记为一般纳税人的个体工商户），销售额没有达到财政部、国家税务总局规定的起征点的，可以免征增值税。目前销售货物，提供应税劳务和应税服务，按期纳税的，起征点为月销售额5000元至20000元；按次（日）纳税的，起征点为每次（日）销售额300元至500元。各省、自治区和直辖市财政厅（局）、国家税务总局应当在上述规定的幅度以内，根据当地的实际情况，确定本地区适用的起征点，并报财政部、国家税务总局备案。

自2019年至2021年，月销售额10万元以下（以一个季度为一个纳税期的,季度销售额 30 万元以下)的增值税小规模纳税人,可以免征增值税。

(十六)哪些出口货物和应税劳务、服务适用增值税退(免)税规定?

适用增值税退(免)税规定的出口货物、劳务如下:

1. 出口企业出口货物,包括自营出口货物、委托出口货物。

2. 出口企业和其他单位视同出口货物:出口企业对外援助、对外承包和中国境外投资的出口货物;出口企业经海关报关进入政府批准的出口加工区、保税物流园区、保税港区、综合保税区等特殊区域并销售给特殊区域单位和中国境外单位、个人的货物;免税品经营企业销售的货物,政府规定不允许经营、限制出口的货物等除外;出口企业和其他单位销售给用于国际金融组织、外国政府贷款国际招标建设项目的中标机电产品;生产企业向海上石油、天然气开采企业销售的自产的海洋工程结构物;出口企业和其他单位销售给国际运输企业用于国际运输工具上的货物,暂仅适用于外轮供应公司、远洋运输供应公司销售给外轮、远洋国轮的货物,国内航空供应公司销售给国内和国外航空公司国际航班的航空食品;出口企业和其他单位销售给特殊区域生产企业生产耗用且不向海关报关而输入特殊区域的水(包括蒸汽)、电力和燃气(以下简称"输入特殊区域的水、电、气")。

3. 出口企业对外提供劳务是指对进境复出口货物、从事国际运输的运输工具进行的加工、修理和修配。

(十七)增值税的纳税义务发生时间是怎样规定的?

纳税人发生应税销售行为,其增值税纳税义务发生时间为收讫销售款或者取得索取销售款凭据的当日;先开具发票的,为开具发票的当日。

纳税人进口货物,其增值税纳税义务发生时间为报关进口的当日。

增值税扣缴义务发生时间为纳税人增值税纳税义务发生的当日。

(十八) 增值税的纳税期限是怎样规定的?

增值税的纳税期限,由税务机关根据纳税人应纳增值税税额的大小,分别核定为1日、3日、5日、10日、15日、1个月和1个季度。

小规模纳税人缴纳增值税,原则上按照季度申报;纳税人要求不实行按照季度申报的,由税务机关根据其应纳税额大小核定纳税期限。

以1个月、1个季度为1个纳税期的纳税人,应当自期满之日起15日以内申报缴纳增值税;以1日、3日、5日、10日和15日为1个纳税期的纳税人,应当自期满之日起5日以内预缴增值税,于次月1日起15日以内申报纳税,并结清上月应纳税额。

纳税人不能按照固定期限缴纳增值税的,可以按次纳税。

扣缴义务人解缴增值税的期限同上。

纳税人进口货物,应当自海关填发海关进口增值税专用缴款书之日起15日以内缴纳增值税。

(十九) 增值税的纳税地点是怎样规定的?

固定业户应当向其机构所在地或者居住地的税务机关申报缴纳增值税。总机构与分支机构在同一省(自治区、直辖市),但是不在同一县(市)的,应当分别向各自所在地的税务机关申报纳税;经本省(自治区、直辖市)财政厅(局)、税务局批准,可以由总机构汇总向总机构所在地的税务机关申报缴纳增值税;不在同一省(自治区、直辖市)的,应当报财政部、国家税务总局审批。

固定业户到外县(市)销售货物、劳务,应当向其机构所在地的税务机关报告外出经营事项,并向该税务机关申报缴纳增值税。需要向购货方开具增值税专用发票的,也应当回其机构所在地补开。上述纳税人没有向其机构所在地的税务机关报告外出经营事项的，应当向销售地的税务机关申报缴纳增值税，否则应当由其机构所在地的税务机关补征增值税。

非固定业户发生应税销售行为，应当向应税销售行为发生地的税务机关申报缴纳增值税，否则应当由其机构所在地或者居住地的税务机关补征增值税。

其他个人销售建筑服务，销售、租赁不动产，转让自然资源使用权，应当向建筑服务发生地、不动产所在地和自然资源所在地的税务机关申报缴纳增值税。

连锁店的门店均由总部全资或者控股开设，在总部领导之下统一经营的连锁企业，凡是按照规定采取计算机联网，统一采购配送商品，统一核算，统一规范化管理和经营，并符合下列条件的，可以由总店向其所在地的税务机关统一申报缴纳增值税：在本省（自治区、直辖市、计划单列市）范围以内连锁经营的企业，报经本省（自治区、直辖市、计划单列市）税务局会同同级财政部门审批同意；在本县（市）范围以内连锁经营的企业，报经本县（市）税务局会同同级财政局审批同意。

进口货物应当由进口人或者其代理人向报关地海关申报缴纳增值税。

扣缴义务人应当向其机构所在地或者居住地的税务机关申报缴纳其扣缴的增值税。

三、消费税

（一）什么是消费税？

消费税以消费品为征税对象，是目前各国普遍征收的一种税收。1993年12月13日，国务院发布《中华人民共和国消费税暂行条例》，自1994年1月1日起施行；2008年11月10日，国务院对该条例作了修订，并于当日公布，自2009年1月1日起施行。1993年12月25日，财政部发布《中华人民共和国消费税暂行条例实施细则》；2008年12月15日，财政部、国家税务总局对该细则作了修订。

消费税由税务机关负责征收管理，进口环节的消费税由海关代为征收管理；所得收入归中央政府所有，是中央政府财政收入的主要来源之一。2017年，消费税收入为10895.8亿元，占当年我国税收总额的7.5%。

（二）消费税的纳税人有哪些？

消费税的纳税人，包括在中国境内生产、委托加工和进口应税消费品的企业、行政单位、事业单位、军事单位、社会团体、其他单位、个体工商户和其他个人，国务院确定的销售规定的消费品的其他单位和个人。

消费税一般在应税消费品的销售、进口环节缴纳，卷烟同时也在批发环节纳税；金、银首饰，钻石、钻石饰品，超豪华小汽车，在零售环节纳税。

目前,中国的消费税收入主要来自酒、卷烟、成品油、小汽车等消费品制造行业和批发、零售业的国有企业、股份制企业和外商投资企业。

(三) 消费税的税目、税率(税额标准)是怎样规定的?

消费税设有15个税目,根据不同的应税消费品分别采用差别比例税率、固定税额标准和复合税率,详见表3。

表3　　　　消费税税目、税率(税额标准)

税目	征收范围	税率(税额标准)
1. 烟		
(1) 卷烟		
①甲类卷烟	包括每标准条(200支)调拨价格70元(不包括增值税)以上的卷烟、进口卷烟和国家规定的其他卷烟	销售额×56% + 每支0.003元
	包括每标准条(200支)调拨价格不足70元(不包括增值税)的卷烟	
②乙类卷烟		销售额×36% + 每支0.003元
③卷烟批发	包括斗烟、莫合烟、烟末、水烟和黄红烟丝等	销售额×11% + 每支0.005元
(2) 雪茄烟		36%
(3) 烟丝		30%
2. 酒		
(1) 白酒		销售额×20% + 每500克(500毫升)0.5元

续表

税目	征收范围	税率（税额标准）
（2）黄酒		每吨240元
（3）啤酒		
①甲类啤酒	每吨出厂价格3000元（不包括增值税）以上的,娱乐业、饮食业自制的	每吨250元
②乙类啤酒	每吨出厂价格不足3000元（不包括增值税）的	每吨220元
（4）其他酒	包括糠麸白酒、其他原料白酒、土甜酒、复制酒、果木酒、汽酒和药酒等	10%
3. 高档化妆品	包括高档美容、修饰类化妆品，高档护肤类化妆品，成套化妆品	15%
4. 贵重首饰、珠宝玉石	包括各种金银珠宝首饰和经采掘、打磨、加工的各种珠宝玉石	
（1）金、银首饰,钻石、钻石饰品		5%
（2）其他贵重首饰、珠宝玉石		10%
5. 鞭炮、焰火	包括各种鞭炮、焰火，通常分为喷花类、旋转类、旋转升空类、火箭类、吐珠类、线香类、小礼花类、烟雾类、造型玩具类、爆竹类、摩擦炮类、组合烟花类和礼花弹类	15%

续表

税目	征收范围	税率（税额标准）
6. 成品油		
（1）汽油	包括车用汽油和航空汽油	每升1.52元
（2）柴油		每升1.20元
（3）航空煤油		每升1.20元
（4）石脑油	包括汽油、柴油、航空煤油和溶剂油以外的各种轻质油	每升1.52元
（5）溶剂油	包括矿物性润滑油、矿物性润滑油基础油、植物性润滑油、动物性润滑油和化工原料合成润滑油	每升1.52元
（6）润滑油		每升1.52元
（7）燃料油		每升1.20元
7. 摩托车	包括轻便摩托车和摩托车（两轮车、边三轮车和正三轮车）	
（1）排气量250毫升的		3%
（2）排气量超过250毫升的		10%
8. 小汽车		
（1）乘用车	不超过9个座位	
①排气量不超过1.0升的		1%
②排气量超过1.0升，不超过1.5升的		3%
③排气量超过1.5升，不超过2.0升的		5%

续表

税目	征收范围	税率（税额标准）
④排气量超过2.0升，不超过2.5升的		9%
⑤排气量超过2.5升，不超过3.0升的		12%
⑥排气量超过3.0升，不超过4.0升的		25%
⑦排气量超过4.0升的		40%
（2）中轻型商用客车	10个座位至23个座位	5%
（3）超豪华小汽车	包括每辆零售价格130万元（不包括增值税）以上的乘用车和中轻型商用客车	10%
9.高尔夫球和球具	包括高尔夫球、高尔夫球杆和高尔夫球包（袋）	10%
10.高档手表	包括每只销售价格（不包括增值税）1万元以上的各类手表	20%
11.游艇		10%
12.木制一次性筷子		5%
13.实木地板	包括各类规格的实木地板、实木指接地板、实木复合地板和用于装饰墙壁、天棚的侧端面为榫、槽的实木装饰板	5%
14.电池		4%
15.涂料		4%

上表中所列应税消费品的具体征税范围,由财政部、国家税务总局确定。

如果纳税人兼营适用不同消费税税率(税额标准)的应税消费品,应当分别核算其销售额、销售数量。如果纳税人没有分别核算上述不同的应税消费品的销售额、销售数量或者将适用不同税率(税额标准)的应税消费品组成成套消费品销售,税务机关在征收消费税的时候适用税率(税额标准)从高。

(四) 消费税的一般计税方法是怎样规定的?

消费税一般采用从价计税和从量计税两种方法计算应纳税额:前者应当以应税消费品的销售额为计税依据,按照适用税率计税(如高档化妆品、小汽车);后者应当以应税消费品的销售数量为计税依据,按照适用税额标准计税(如啤酒、汽油)。

1. 应纳税额计算公式:

(1) 应纳税额 = 应税消费品销售额 × 适用税率

(2) 应纳税额 = 应税消费品销售数量 × 适用税额标准

采用复合计税方法计算应纳消费税税额的,将以上两个计算公式结合使用即可(如卷烟、白酒)。

应纳税额计算公式:

应纳税额 = 应税消费品销售额 × 适用税率 + 应税消费品销售数量 × 适用税额标准

应税消费品的销售额是指纳税人销售应税消费品向购买方收取的全部价款和价外费用,不包括向购买方收取的增值税税款。

2. 上述价外费用,包括价外收取的手续费、补贴、基金、集资费、返还利润、奖励费、违约金、滞纳金、延期付款利息、赔偿金、代收款项、代垫款项、包装费、包装物租金、储备费、优质费、运输装卸费和其他价外收费,但是不包括下列项目:

(1) 同时符合下列条件的代垫运输费用:承运单位的运输费用发票开具给购买方的,纳税人将该发票转交给购买方的。

（2）同时符合下列条件代为收取的政府性基金和行政事业性收费：由国务院和财政部批准设立的政府性基金，由国务院和省级人民政府及其财政、价格主管部门批准设立的行政事业性收费；收取时开具省级以上财政部门印制的财政票据；所收款项全额上缴财政。

应税消费品的销售数量是指应税消费品的数量。其中，销售应税消费品的，为应税消费品的销售数量；自产自用应税消费品的，为应税消费品的移送使用数量；委托加工应税消费品的，为纳税人收回的应税消费品数量；进口的应税消费品，为海关核定的应税消费品征税数量。

例：（1）某酒厂本月销售白酒10000箱，每箱内装12瓶白酒，每瓶白酒的容积为500毫升，每瓶白酒的价格为80元（不包括增值税），消费税适用税额标准为每500毫升0.5元，适用税率为20%，该厂销售上述白酒应纳消费税税额的计算方法如下：

应纳税额 = 12 × 10000 × 0.5 + 12 × 10000 × 80 × 20%

= 198（万元）

（2）某炼油厂本月销售汽油3亿升，消费税适用税额标准为每升1.52元，该厂销售上述汽油应纳消费税税额的计算方法如下：

应纳税额 = 3 × 1.52

= 4.56（亿元）

（3）某汽车制造厂本月销售排气量为2.0升的小汽车5000辆，每辆的出厂价格为8万元（不包括增值税），消费税适用税率为5%，该厂销售上述汽车应纳消费税税额的计算方法如下：

应纳税额 = 5000 × 8 × 5%

= 2000（万元）

（五）自产自用应税消费品怎样计算缴纳消费税？

生产者自产自用的应税消费品，用于连续生产应税消费品的（是指纳税人将自产自用的应税消费品作为直接材料生产最终应税消费品，自产自用应税消费品构成最终应税消费品的实体），通常不缴纳消费税（但是用自产汽油生产的乙醇汽油应当按照生产乙醇汽油耗用的汽油数量申报缴纳消费税）；用于其他方面的（包括生产非应税消费品、在建工程、管理部门、非生产机构、提供劳务、馈赠、赞助、集资、广告、样品、职工福利和奖励等），应当在移送使用的时候缴纳消费税。

采用从价计税方法计算应纳消费税税额的，应当以纳税人生产的同类消费品的销售价格为计税依据，按照适用税率计算应纳税额；没有同类产品销售价格的，应当以组成计税价格为计税依据，按照适用税率计算应纳税额。

应纳税额计算公式：

应纳税额＝组成计税价格×适用税率

组成计税价格＝（成本＋利润）÷（1－适用税率）

例： 某葡萄酒厂本月将本厂生产的 1000 瓶葡萄酒发给职工作为福利，该厂本月销售这种葡萄酒的价格为每瓶 60 元（不包括增值税），消费税适用税率为 10%，该厂这部分葡萄酒应纳消费税税额的计算方法如下：

应纳税额＝1000×60×10%

　　　　＝6000（元）

采用复合计税方法计算应纳消费税税额的，组成计税价格计算公式如下：

组成计税价格＝（成本＋利润＋自产自用数量×适用税额标准）÷（1－适用税率）

采用从量计税方法计算应纳消费税税额的，应当以应税消费品的移送使用数量为计税依据，按照适用税额标准计算应纳税额。

(六) 委托加工应税消费品怎样计算缴纳消费税？

委托加工的应税消费品是指由委托方提供原料和主要材料，受托方只收取加工费和代垫部分辅助材料加工的应税消费品。除了委托方为个人以外,这类应税消费品都应当由受托方在向委托方交货的时候代收代缴消费税。委托方将委托加工的应税消费品用于连续生产应税消费品的,已经缴纳的消费税可以按照规定抵扣。

委托方将收回的应税消费品以不高于受托方的计税价格出售的,不再缴纳消费税;以高于受托方的计税价格出售的,应当申报缴纳消费税,并且可以在计税的时候扣除受托方已经代收代缴的消费税。

委托个人加工的应税消费品,应当由委托方收回以后缴纳消费税。

采用从价计税方法计算应纳消费税税额的,应当以受托方同类消费品的销售价格为计税依据,按照适用税率计算应纳税额;没有同类消费品销售价格的,应当以组成计税价格为计税依据,按照适用税率计算应纳税额。

应纳税额计算公式:

应纳税额 = 组成计税价格 × 适用税率

组成计税价格 = (材料成本 + 加工费) ÷ (1 - 适用税率)

采用复合计税方法计算应纳消费税税额的,组成计税价格计算公式如下:

组成计税价格 = (材料成本 + 加工费 + 委托加工数量 × 适用税额标准) ÷ (1 - 适用税率)

采用从量计税方法计算应纳消费税税额的,应当以委托方收回应税消费品的数量为计税依据,按照适用税额标准计算应纳税额。

(七)进口应税消费品怎样计算缴纳消费税?

进口的应税消费品,采用从价计税方法计算应纳消费税税额的,应当以组成计税价格为计税依据,按照适用税率计算应纳税额。

应纳税额计算公式:

应纳税额 = 组成计税价格 × 消费税适用税率

组成计税价格 =（关税完税价格 + 关税）÷（1 - 消费税适用税率）

例：某公司进口排气量为 3.0 升的小轿车 100 辆，关税完税价格为每辆 10 万元，关税适用税率为 15%，消费税适用税率为 12%，该公司进口上述小轿车应纳消费税税额的计算方法如下：

组成计税价格 =（10 + 10 × 15%）÷（1 - 12%）
$\qquad$ = 130681.82（元）

应纳税额 = 130681.82 × 12% × 100
$\qquad$ = 1568181.84（元）

进口的应税消费品，采用从量计税方法计算应纳消费税税额的，应当以海关核定的应税消费品进口数量为计税依据，按照适用税额标准计算应纳税额。

进口的应税消费品，采用复合计税方法计算应纳消费税税额的，组成计税价格计算公式如下：

组成计税价格 =（关税完税价格 + 关税 + 应税消费品进口数量 × 消费税适用税额标准）÷（1 - 消费税适用税率）

（八）消费税怎样核定征税？

如果纳税人申报的应税消费品的计税价格明显偏低，又没有正当的理由，税务机关和海关可以按照核定的计税价格征收消费税：

1. 卷烟、白酒和小汽车的计税价格由国家税务总局核定，送财政部备案。

2. 其他应税消费品的计税价格由省级税务局核定。

3. 进口的应税消费品的计税价格由海关核定。

（九）哪些应税消费品可以免征、退还消费税？

除了出口的应税消费品可以退（免）消费税以外，消费税的主要免税、减税和退税规定如下：

1. 下列项目可以免征进口环节的消费税：外国政府、国际组织无偿赠送的进口物资；边境居民通过互市贸易进口规定范围以内的生活用品，每人每日价值人民币8000元以下的部分。

2. 下列项目可以免征消费税：成品油生产企业在生产成品油过程中作为燃料、动力和原料消耗的自产成品油，用外购和委托加工收回的已税汽油生产的乙醇汽油，利用废弃动植物油脂生产的纯生物柴油，2018年11月1日至2023年10月31日期间以回收的废矿物油为原料生产的润滑油基础油、汽油和柴油等工业油料；子午线轮胎；无汞原电池、金属氢化物镍蓄电池、锂原电池、锂离子蓄电池、太阳能电池、燃料电池和全钒液流电池；施工状态下挥发性有机物含量每升420克以下的涂料；外国驻华使馆、领事馆及其有关人员购买的列名的中国生产的应税消费品。

3. 航空煤油可以暂时缓征消费税。

4. 纳税人销售的应税消费品，由于质量等原因由购买者退回的时候，经机构所在地或者居住地税务机关审核批准，可以退还已经缴纳的消费税。

（十）消费税的纳税义务发生时间是怎样规定的？

纳税人销售应税消费品，其消费税纳税义务发生时间根据结算方式的不同分为下列4种情况：

1. 采取赊销和分期收款结算方式的，为书面合同约定的收款日期的当日；书面合同没有约定收款日期或者无书面合同的，为发出应税消费品的当日。

2. 采取预收货款结算方式的，为发出应税消费品的当日。

3. 采取托收承付和委托银行收款方式的，为发出应税消费品并办妥托收手续的当日。

4. 采取其他结算方式的，为收讫销售款或者取得索取销售款凭据的当日。

纳税人自产自用应税消费品，其消费税纳税义务发生时间为移送使用的当日。

纳税人委托加工应税消费品，其消费税纳税义务发生时间为纳税人提货的当日。

纳税人进口应税消费品，其消费税纳税义务发生时间为报关进口的当日。

（十一）消费税的纳税期限是怎样规定的？

消费税的纳税期限，由税务机关根据纳税人应纳消费税税额的大小，分别核定为1日、3日、5日、10日、15日、1个月和1个季度。

以1个季度为纳税期限的增值税纳税人，其取得的消费税应税收入也可以1个季度为纳税期限。纳税人要求不实行按照季度申报的，由税务机关根据其应纳税额大小核定纳税期限。

会计核算不健全的小企业，可以由税务机关根据其应税消费品的产销情况，按季度或者按年核定其应纳消费税税额，分月缴纳。

纳税人不能按照固定期限缴纳消费税的，可以按次纳税。

以1个月和1个季度为1个纳税期的纳税人，应当自期满之日起15日以内申报缴纳消费税；以1日、3日、5日、10日和15日为1个纳税期的，应当自期满之日起5日以内预缴消费税，于次月1日起15日以内申报纳税，并结清上月应纳税款。

纳税人进口应税消费品，应当自海关填发海关进口消费税专用缴款书之日起15日以内缴纳消费税。

（十二）消费税的纳税地点是怎样规定的？

纳税人销售的应税消费品和自产自用的应税消费品，除了财政部、国家税务总局另有规定以外，应当向纳税人机构所在地或者居住地的税务机关申报缴纳消费税。总机构与分支机构在同一省（自治区、直辖市），但是不在同一县（市）的，经本省（自治区、直辖市）财政厅（局）、税务局审批同意，报财政部、国家税务总局备案，可以由总机构汇总向总机构所在地的税务机关申报缴消费税。

纳税人到外县（市）销售自产应税消费品、委托外县（市）代销自产应税消费品的，应当在应税消费品销售以后向机构所在地或者居住地的税务机关申报缴纳消费税。

纳税人的总机构与分支机构不在同一县（市）的，应当分别向各自机构所在地的税务机关申报缴纳消费税。经财政部、国家税务总局或者其授权的财政、税务机关批准，可以由总机构汇总向总机构所在地的税务机关申报缴纳消费税。

委托加工的应税消费品，由受托方向机构所在地或者居住地的税务机关解缴消费税。委托个人加工的应税消费品，由委托方向其机构所在地或者居住地的税务机关申报缴纳消费税。

进口的应税消费品，由进口人或者其代理人向报关地海关申报缴纳消费税。

四、车辆购置税

(一) 什么是车辆购置税?

中国的车辆购置税是对购置的车辆征收的一种税收。2000年10月22日,国务院公布《中华人民共和国车辆购置税暂行条例》,自2001年1月1日起施行。

车辆购置税由税务机关负责征收管理,所得收入归中央政府所有,专门用于交通事业建设。2017年,车辆购置税收入为3280.7亿元,占当年中国税收总额的2.2%。

(二) 车辆购置税的纳税人、征收范围是怎样规定的?

车辆购置税的纳税人,包括在中国境内购置规定的车辆(以下简称"应税车辆")的企业、行政单位、事业单位、军事单位、社会团体、其他单位、个体工商户和其他个人。

车辆购置税的征收范围,包括汽车、摩托车、电车、挂车和农用运输车。

上述车辆购置,包括纳税人购买、进口、自产、受赠、获奖和以其他方式(如拍卖、抵债、罚没等)取得并自用应税车辆的行为。

(三) 车辆购置税的计税依据、税率和计税方法是怎样规定的?

车辆购置税以规定的应税车辆的计税价格为计税依据,按照10%的税率计算应纳税额。

应纳税额计算公式：

应纳税额 = 计税价格 × 10%

车辆购置税的计税价格根据不同情况，按照下列规定确定：

1. 纳税人购买自用的应税车辆的计税价格，为纳税人购买应税车辆的时候支付销售者的全部价款和价外费用（包括销售方在车价以外向购买方收取的基金、集资费、违约金、手续费、包装费、储存费、优质费、运输装卸费、保管费和其他价外收费，不包括销售方代办保险等向购买方收取的保险费和向购买方收取的代购买方缴纳的车辆购置税、车辆牌照费），但是不包括增值税。

2. 纳税人进口自用的应税车辆的计税价格的计算公式为：

计税价格 = 关税完税价格 + 关税 + 消费税

纳税人购买、进口自用应税车辆，申报的计税价格低于同类型应税车辆的最低计税价格，无正当理由的，计税价格为国家税务总局核定的最低计税价格。

3. 纳税人自产、受赠、获奖和以其他方式取得并自用的应税车辆的计税价格，由税务机关参照国家税务总局规定的最低计税价格核定。

车辆购置税的应纳税额的计算保留到元，元以下舍去。

例：某企业购买 1 辆价格为 20 万元的轿车和 1 辆价格为 30 万元的货车（上述价格均为不含增值税的价格），该企业购买上述车辆应纳车辆购置税税额的计算方法如下：

应纳税额 =（20 + 30）× 10%
　　　　 = 5（万元）

车辆购置税实行一次征收制度。购置已经征收车辆购置税的车辆，不再征收车辆购置税。

（四）车辆购置税的主要免税、减税和退税规定有哪些？

免征车辆购置税的主要项目如下：外国驻华使馆和外交代表、外国驻华领事馆和领事官员、国际组织驻华机构及其官员自用的车辆；中国人民解放军和中国人民武装警察部队列入军队武器装备订货计划的车辆；设有固定装置的非运输车辆（如挖掘机、平地机、推土机、叉车、装载车、起重机、混凝土泵车、高空作业车、扫路车、洒水车、清洗车、垃圾车和消防车等）；防汛、森林消防专用车；三轮农用运输车；出国留学和在中国香港、中国澳门特别行政区学习，回国、回内地服务的人员购买的国产小汽车（限1辆）；来华定居的外国专家进口自用的小汽车（限1辆）；城市公交企业购置的公共汽电车辆；2018年以后购置的新能源汽车。此外，自2018年7月1日起，购置挂车可以减半征收车辆购置税。

已经缴纳车辆购置税的车辆，发生下列情形之一的，纳税人可以申请退税：车辆退回生产企业或者经销商的；符合免税条件的设有固定装置的非运输车辆，已经征税的；其他根据法律、法规应当退税的情形。

车辆退回生产企业或者经销商的，纳税人申请退税的时候，税务机关应当自纳税人办理纳税申报之日起，按照已经缴纳税款每满1年扣减10%计算退税额，不满1年的按照已经缴纳税款退税。

（五）车辆购置税的纳税期限、纳税地点是怎样规定的？

车辆购置税实行一车一申报制度。需要办理车辆登记注册手续的纳税人，应当向车辆登记注册地的税务机关办理纳税申报；不需要办理车辆登记注册手续的纳税人，应当向纳税人机构所在地或者居住地的税务机关办理纳税申报。

纳税人购买自用应税车辆的，应当自购买之日起60日以内申报缴纳车辆购置税；进口自用应税车辆的，应当自进口之日起60日以内申报纳税；自产、受赠、获奖和以其他方式取得并自用应税车辆的，应当自取得之日起60日以内申报纳税。

免税车辆由于转让、改变用途等原因，免税条件消失的，纳税人应当自免税条件消失之日起60日以内到税务机关重新申报纳税。免税车辆转让以后仍属于免税范围的，受让方应当自购买或者取得车辆之日起60日以内到税务机关重新申报免税。

车辆购置税税款应当一次缴清。

纳税人应当在向公安机关车辆管理机构办理车辆登记注册以前缴纳车辆购置税。

纳税人应当持税务机关出具的车辆购置税完税证明或者免税证明，向公安机关车辆管理机构办理车辆登记注册。没有上述完税证明或者免税证明的，公安机关车辆管理机构不能办理车辆登记注册。

（六）车辆购置税有什么新规定？

2018年12月29日，第十三届全国人民代表大会常务委员会第七次会议通过《中华人民共和国车辆购置税法》，当日公布，自2019年7月1日起施行，2000年10月22日国务院公布的《中华人民共和国车辆购置税暂行条例》同时废止。车辆购置税法的主要规定如下：

1. 纳税人。车辆购置税的纳税人，包括在中国境内购置汽车、有轨电车、汽车挂车和排气量超过150毫升的摩托车（以下统称"应税车辆"）的单位和个人。

2. 计税依据、税率和计税方法。车辆购置税以应税车辆的计税价格为计税依据，按照10%的税率计算应纳税额，一次性征收。

应纳税额计算公式：

应纳税额 = 计税价格 × 10%

3. 免税、减税。下列车辆可以免征车辆购置税：按照中国法律应当免税的外国驻华使馆、领事馆和国际组织驻华机构及其有关人员自用的车辆；中国人民解放军和中国人民武装警察部队列入装备订货计划的车辆；悬挂应急救援专用号牌的国家综合性消防救援车辆；设有固定装置的非运输专用作业车辆；城市公交企业购置的公共汽电车辆。

根据国民经济和社会发展的需要，国务院可以规定减征和其他免征车辆购置税的情形,报全国人民代表大会常务委员会备案。

4.纳税期限、纳税地点。车辆购置税的纳税义务发生时间为纳税人购置应税车辆的当日。纳税人应当自纳税义务发生之日起60日以内申报缴纳车辆购置税。

纳税人购置应税车辆,应当向车辆登记地的税务机关申报缴纳车辆购置税;购置不需要办理车辆登记的应税车辆的,应当向纳税人所在地的税务机关申报缴纳车辆购置税。

纳税人应当在向公安机关交通管理部门办理车辆注册登记以前缴纳车辆购置税。

五、关税

（一）什么是关税？

关税以进出国境、关境的货物、物品为征税对象，是目前各国普遍征收的一种税收。1987年1月22日，第六届全国人民代表大会常务委员会第十九次会议通过《中华人民共和国海关法》（其中第五章为《关税》），当日公布，自1987年7月1日起施行。2017年11月4日，第十二届全国人民代表大会常务委员会第三十次会议对该法作了第五次修正，当日公布施行。中国现行的《中华人民共和国进出口关税条例》是国务院2003年11月23日公布，自2004年1月1日起施行，2017年3月1日国务院第四次修改的。

关税由海关总署负责征收管理，所得收入归中央政府所有，是中央政府财政收入的主要来源之一。2017年，关税收入为2997.9亿元，占当年中国税收总额的2.1%。

（二）关税的纳税人有哪些？

关税的纳税人，包括进口中国准许进口的货物的收货人、出口中国准许出口的货物的发货人和中国准许进境物品的所有人，他们分别应当依法缴纳进口关税和出口关税。

从中国境外采购进口的原产于中国境内的货物，也应当缴纳进口关税。

进出口货物，除了另有规定的外，可以由进出口货物收发货人自行办理报关纳税手续，也可以由进出口货物收发货人委托海关准予注册登记的报关企业办理报关纳税手续。

进境物品的所有人，可以自行办理报关纳税手续，也可以委托他人办理报关纳税手续。

(三) 关税的税率有哪些种类？

关税的税率分为进口税率、出口税率两个部分。

1. 进口关税设置最惠国税率、协定税率、特惠税率、普通税率和关税配额税率等多种税率。对于进口货物在一定期限内可以实行暂定税率。

原产于共同适用最惠国待遇条款的世界贸易组织成员的进口货物，原产于与中国签订含有相互给予最惠国待遇条款的双边贸易协定的国家（地区）的进口货物，原产于中国境内的进口货物，适用最惠国税率。

原产于与中国签订含有关税优惠条款的区域性贸易协定的国家（地区）的进口货物，适用协定税率。

原产于与中国签订含有特殊关税优惠条款的贸易协定的国家（地区）的进口货物，适用特惠税率。

如果某种进口货物同时适用特惠税率、协定税率和最惠国税率中两种以上税率形式，税率从低执行；某种进口货物同时适用特惠税率、协定税率和暂定最惠国税率中2种以上税率形式，税率从低执行；某种进口货物同时适用暂定最惠国税率和最惠国税率，优先执行暂定最惠国税率。

原产于上述国家和地区以外的国家（地区）的进口货物，原产地不明的进口货物，适用普通税率。

适用最惠国税率的进口货物有暂定税率的，应当适用暂定税率；适用协定税率、特惠税率的进口货物有暂定税率的，应当从低适用税率；适用普通税率的进口货物，不适用暂定税率。

在执行国家有关进口关税减征规定的时候，应当先在最惠国税率的基础上计算有关税目的减征税率，然后根据进口货物的原产地和各种税率形式的适用范围,将这一税率与同一税目的特惠税率、协定税率和暂定最惠国税率比较,税率从低执行。

按照国家规定实行关税配额管理的进口货物,在关税配额以内的,适用关税配额税率;在关税配额以外的,其税率的适用按照上述最惠国税率、协定税率、特惠税率、普通税率和暂定最惠国税率的规定执行。

2. 出口关税设置出口税率。对于出口货物在一定期限内也可以实行暂定税率。

适用出口税率的出口货物有暂定税率的,应当适用暂定税率。

此外,依法对进口货物采取反倾销、反补贴和保障措施的,其税率的适用按照国务院发布的《中华人民共和国反倾销条例》《中华人民共和国反补贴条例》和《中华人民共和国保障措施条例》的有关规定执行。

任何国家(地区)违反与中国签订或者共同参加的贸易协定和相关协定,对中国在贸易方面采取禁止、限制、加征关税和其他影响正常贸易的措施的,对原产于该国家(地区)的进口货物可以征收报复性关税,适用报复性关税税率。征收报复性关税的货物、适用国别、税率、期限和征收办法,由国务院关税税则委员会决定并公布。

(四)关税的税目、税率是怎样规定的?

国务院制定《中华人民共和国进出口税则》和《中华人民共和国进境物品进口税税率表》,规定关税的税目、税则号列和税率,作为进出口关税条例的组成部分。

2019年,中国进口税则规定的进口货物的税目有8549个,其中绝大部分税目采用比例税率(最惠国税率从0至65%不等,普通税率从0至270%不等);少量税目采用定额税率、复合税率等形式的税率。

目前中国的进口关税税率主要使用最惠国税率,并通过差别税率体现国家的经济、外贸政策。以2019年为例，微型电子计算机、药品和玩具的税率为0，护肤品、雕塑原件的税率为1%，香水、褐煤的税率为3%，硫酸铵、播种机的税率为4%，葡萄汁、车用汽油和氨水的税率为5%，毛制毯子、跑步机的税率为6%，黄鱼、电热器具的税率为7%，金、银首饰和毛制西服套装的税率为8%，威士忌酒、钢琴和塔式起重机的税率为10%，彩色电视机的税率分别为10%、15%，柑橘、冰淇淋的税率为12%，汽车、瓷制品的税率为15%，卷烟的税率为25%，小麦的税率为65%；铁、铜、铝、铅、锌、铬、铀矿砂及其精矿，书籍、报刊，最惠国税率和普通税率均为0。此外，原产于中国香港、中国澳门两个特别行政区的产品全部适用零税率。

2019年，中国出口税则规定的出口货物（主要为限制出口的不可再生的资源类产品和国内紧缺的原材料）的税目有102个，税率从20%至50%不等，共有5个差别税率。例如，锡矿砂及其精矿的税率为50%，苯、铬铁的税率为40%，铅矿砂及其精矿、未精炼铜的税率为30%，硅铁的税率为25%，钨矿砂及其精矿、鳗鱼苗和山羊板皮的税率为20%。

2019年，中国对706个税目的进口货物实行最惠国暂定税率，税率从0至40%不等。例如，航空煤油、氨水、人用疫苗和尿布的税率为0，车用汽油、钼铁、肥料和飞机自动驾驶系统的税率为1%，乳品加工机器、洗发剂和音视频生命探测仪的税率为2%，液晶显示屏用原板玻璃、聚乙烯和相机镜头的税率为3%，依靠可再生能源生产电力的发电机组、功率160马力以上的联合收割机和婴幼儿食用的零售包装配方奶粉的税率为5%，抽油烟机、太阳镜和滚珠的税率为6%，乳酪的税率为8%，未曝光的X光片、整张狐皮的税率为10%，白果的税率为20%，再造烟草的税率为40%。极少数税目采用定额税率，或者选择采用比例税率、定额税率和复合税率。

2019年，中国对78个税目的出口货物实行暂定税率，税率从

0~20%不等,共有5个差别税率。例如,苯、精炼铜丝的税率为0,黄铜的税率为5%,高纯生铁的税率为10%,铬铁、未精炼铜的税率为15%,锡矿砂及其精矿、硅铁的税率为20%。

(五) 关税的应纳税额怎样计算?

海关应当按照规定以从价计税、从量计税和国家规定的其他方法对进出口货物征收关税,根据进出口货物的税则号列、完税价格、原产地、适用税率和汇率计算应纳税额。

关税的基本计税方法是:以进出口货物的价格、数量为计税依据,按照适用税率、税额标准计算应纳税额。

应纳税额计算公式:

应纳税额 = 应税进出口货物完税价格 × 适用税率

应纳税额 = 应税进出口货物数量 × 适用税额标准

采用复合计税方法计算应纳关税税额的,将以上两个公式结合起来使用即可。

应纳税额计算公式:

应纳税额 = 应税进出口货物完税价格 × 适用税率 + 应税进出口货物数量 × 适用税额标准

例1:某企业进口塔式起重机10台,每台关税完税价格折算人民币200万元,关税最惠国税率为10%,普通税率为30%,该企业进口上述起重机应纳关税税额的计算方法如下:

(1) 按照最惠国税率计算:

应纳税额 = 10 × 200 × 10%

= 200(万元)

(2) 按照普通税率计算:

应纳税额 = 10 × 200 × 30%

= 600(万元)

例2:某企业进口冻的鸡翅(不包括翅尖)10000公斤,关税最惠国税额标准为每公斤0.8元,普通税额标准为每公斤8.1元,该企业进口上述鸡翅应纳关税税额的计算方法如下：

（1）按照最惠国税额标准计算：

应纳税额 = 10000 × 0.8

= 8000（元）

（2）按照普通税额标准计算：

应纳税额 = 10000 × 8.1

= 81000（元）

（六）关税的主要免税、减税规定有哪些？

下列进出口货物可以免征关税：关税税额在人民币50元以下的一票货物；无商业价值的广告品和货样；外国政府、国际组织无偿赠送的物资；在海关放行以前遭受损坏、损失的货物；进出境运输工具装载的途中必需的燃料、物料和饮食用品。

对于上述在海关放行以前遭受损坏、损失的货物，纳税人应当在申报时或者自海关放行货物之日起15日以内书面向海关说明情况，并提供相关的证明材料。

法律规定的其他免征、减征关税的货物（如中国缔结、参加的国际条约规定的减征、免征关税的货物、物品），海关可以根据规定免征、减征。

免征、减征关税的上述进口货物，可以同时免征、减征进口环节的增值税和消费税。

特定地区、特定企业和有特定用途的进出口货物免征、减征关税，临时免征、减征关税，按照国务院的有关规定执行。上述免征、减征关税进口的货物只能用于特定地区、特定企业和特定用途，没有经过海关核准并补缴关税，不能移作他用。

企业为生产中国科学技术部制定的《国家高新技术产品目录》中所列的产品而进口的自用设备及其配套技术、配件和备件，企业为引进中国科学技术部制定的《国家高新技术产品目录》中所列的先进技术按照合同规定向境外支付的软件费；符合规定的国内企业为生产国家支持发展的重大技术装备、产品确有必要进口部分关键零部件、原材料;符合规定的集成电路生产企业进口自用的原材料、消耗品;符合规定的进口科研、教学用品,残疾人专用物品,慈善性捐赠物资,可以免征关税。

边境居民通过互市贸易进口规定范围以内的生活用品,每人每日价值人民币8000元以下的部分,可以免征关税。

加工贸易的进口料件按照规定保税进口的,其制成品、进口料件没有在规定的期限以内出口的,海关可以按照规定征收进口关税。

加工贸易的进口料件进境的时候按照规定征收进口关税的,其制成品、进口料件在规定的期限内出口的,海关可以按照规定退还进境的时候已经征收的关税。

(七) 关税的纳税期限是怎样规定的?

进口货物的纳税人应当自运输工具申报进境之日起14日以内;出口货物的纳税人除了海关特准的以外,应当在货物运抵海关监管区以后、装货的24小时以前,向货物的进出境地海关申报。经过海关核准,在进口货物到达以前,纳税人可以先行申报。

海关通常应当在货物实际进境,并完成海关现场接单审核工作以后及时填发税款缴款书。需要通过对货物查验确定商品归类、完税价格、原产地的,应当在查验核实以后填发或者更改税款缴款书。

纳税人应当自海关填发税款缴款书之日起15日以内向指定的银行缴纳税款。

进出境物品关税的纳税人应当在物品放行以前缴纳税款。

(八) 什么是进境物品进口税?

进境物品的关税和进口环节海关代征的增值税、消费税合并为进口税,由海关依法征收。

海关总署规定数额以内的个人自用进境物品,免征进口税。超过海关总署规定数额,但是仍然在合理数量以内的个人自用进境物品,由进境物品的纳税人在进境物品放行以前按照规定缴纳进口税。超过合理、自用数量的进境物品,应当按照进口货物依法办理相关手续。

国务院关税税则委员会规定按照货物征税的进境物品,按照进出口关税条例的有关规定征收关税。

进境物品的纳税人,包括携带物品进境的入境人员、进境邮递物品的收件人和以其他方式进口物品的收件人。

进境物品的纳税人,可以自行办理纳税手续,也可以委托他人办理纳税手续。

进口税从价计征,应纳税额计算公式如下:

应纳税额 = 应税进境物品数量 × 完税价格 × 适用税率

海关应当按照国务院制定的《中华人民共和国进境物品进口税税率表》和海关总署制定的《中华人民共和国进境物品归类表》《中华人民共和国进境物品完税价格表》,对进境物品进行归类、确定完税价格和适用税率。目前进境物品进口税的税目、税率详见表4。

表4 进境物品进口税税目、税率表

税目	物品名称	税率(%)
1	书报、刊物和教育用影视资料,计算机、视频摄录一体机和数字照相机等信息技术产品,食品、饮料,金银,家具,玩具、游戏品、节日和其他娱乐用品,药品	13
2	运动用品(不包括高尔夫球和球具),钓鱼用品,纺织品及其制成品,电视摄像机和其他电器用具,自行车,税目1、3中未包含的其他商品	20
3	烟、酒、贵重首饰、珠宝玉石、高尔夫球和球具,高档手表、化妆品	50

注:(1)减按3%征收进口环节增值税的药品按照货物税率征税。
(2)税目3所列商品的范围与消费税征收范围一致。

五、关税

进境物品的完税价格，由海关按照下列方法确定：

1. 完税价格表已经列明完税价格的物品，按照完税价格表确定。例如，参每公斤2000元（人民币，下同），奶粉每公斤200元，白兰地每瓶（不超过750毫升）500元，卷烟每支0.5元，外衣每件300元，皮大衣每件2000元，皮鞋每双300元，电子表每只200元，香水每瓶300元，血压计每个500元，微波炉每台600元，电动剃须刀每个200元，键盘式手持移动电话机每台1000元，49英寸电视机每台10000元，一体式数码照相机每台2000元，视频摄录一体机每台4000元，音箱每个1000元，键盘式笔记本电脑每台2000元，立式钢琴每架15000元，高尔夫球杆每根1000元，自行车每辆500元。

2. 完税价格表没有列明完税价格的物品，按照相同物品相同来源地最近时间的主要市场零售价格确定其完税价格。

3. 实际购买价格是完税价格表列明完税价格的2倍以上或者完税价格表列明完税价格的50%以下的物品，进境物品所有人应当向海关提供销售方依法开具的真实交易的购物发票或者收据，并承担相关责任。海关可以根据物品所有人提供的上述相关凭证，依法确定应税物品的完税价格。

4. 边疆地区民族特需商品的完税价格，按照海关总署另行审定的完税价格表执行。

进境物品适用海关填发税款缴款书之日实施的完税价格和适用税率。

例：某出国人员回国时带入中国境内1台视频摄录一体机，完税价格规定为4000元，进口税适用税率为13%，该出国人员所带上述进境物品应纳进口税税额的计算方法如下：

应纳税额 = 4000 × 13%
       = 520（元）

进口税的减征、免征、补征、追征和退还，对暂准进境物品征收进口税，参照进出口关税条例对货物征收进口关税的规定执行。

目前，进境居民旅客携带在境外获取的个人自用进境物品，总值不超过 5000 元的；非居民旅客携带拟留在中国境内的个人自用进境物品，总值不超过 2000 元的，可以免税。但是，烟草制品、酒精制品和国家规定应当征税的电视机、摄像机、录像机、放像机、音响设备、空调器、电冰箱（柜）、洗衣机、照相机、复印机、程控电话交换机、微型计算机及外设、电话机、无线寻呼系统、传真机、电子计算器、打印机及文字处理机、家具、灯具和餐料等物品，另按有关规定办理。

进境居民旅客携带超出 5000 元的个人自用进境物品，经海关审核确属自用的；进境非居民旅客携带拟留在中国境内的个人自用进境物品，超出 2000 元的，海关仅对超出部分征税，不可分割的单件物品全额征税。

此外，应征进口税税额在人民币 50 元以下的，可以免征。

六、企业所得税

（一）什么是企业所得税？

企业所得税以企业的所得为征税对象，是目前各国普遍征收的一种税收。2007年3月16日，第十届全国人民代表大会第五次会议通过《中华人民共和国企业所得税法》，当日公布，自2008年1月1日起施行。2018年12月29日，第十三届全国人民代表大会常务委员会第七次会议第二次修改该法，当日公布，自当日起施行。2007年12月6日，国务院公布《中华人民共和国企业所得税法实施条例》。2019年4月23日，国务院对该条例作了修改。

企业所得税由税务机关负责征收管理，所得收入由中央政府与地方政府共享，是中央政府和地方政府税收收入的主要来源之一。2017年，企业所得税收入为32117.3亿元，占当年中国税收总额的22.2%。

（二）企业所得税的纳税人有哪些？

企业所得税的纳税人分为下列两类，统称企业。

1. 企业，包括国有企业、集体企业、私营企业、股份制企业、中外合资经营企业、中外合作经营企业、外资企业和外国企业等类企业，但是不包括依照中国法律成立的个人独资企业、合伙企业。

2. 其他取得收入的组织，包括事业单位、社会团体、民办非企业单位、基金会、外国商会和农民专业合作社等。

企业分为居民企业和非居民企业。居民企业包括依法在中国境内成立的企业；依照外国（地区）法律成立，但是实际管理机构在中国境内的企业。非居民企业包括依照外国（地区）法律成立，实际管理机构不在中国境内，但是在中国境内设立机构、场所的企业；没有在中国境内设立机构、场所，但是有来源于中国境内所得的企业。

上述实际管理机构是指对企业的生产经营、人员、账务和财产等实施实质性全面管理和控制的机构。

上述机构、场所是指在中国境内从事生产、经营活动的机构、场所，包括管理机构、营业机构（如商场）和办事机构（如办事处），工厂、农场、牧场、林场、渔场和开采自然资源的场所（如矿山、油田等），提供劳务的场所，从事建筑、安装、装配、修理和勘探等工程作业的场所，其他从事生产、经营活动的机构、场所。

非居民企业委托营业代理人在中国境内从事生产、经营活动的，包括委托单位、个人经常代其签订合同，储存、交付货物等，该营业代理人视为非居民企业在中国境内设立的机构、场所。

在中国香港特别行政区、中国澳门特别行政区和中国台湾地区成立的企业，参照关于非居民企业的规定缴纳企业所得税。

目前，中国的企业所得税收入主要来自采矿业，制造业，电力生产和供应业，建筑业，批发和零售业，交通运输业，信息传输、软件和信息技术服务业，银行业，房地产业，商务服务业等行业的国有企业、私营企业、股份制企业和外商投资企业。

（三）企业取得的哪些所得应当缴纳所得税？

居民企业应当就其来源于中国境内、境外的所得缴纳企业所得税。

非居民企业在中国境内设立机构、场所的，应当就其在中国境内所设机构、场所取得的来源于中国境内的所得和发生在中国境外但是与其在中国境内所设机构、场所有实际联系的所得缴纳企业所得税。

非居民企业没有在中国境内设立机构、场所或者虽然在中国境内设立机构、场所，但是取得的所得与其在中国境内所设机构、场所没有实际联系的，应当就其来源于中国境内的所得缴纳企业所得税。

上述所得，包括销售货物所得，提供劳务所得，转让财产所得，股息、红利等权益性投资所得，利息所得，租金所得，特许权使用费所得，接受捐赠所得，其他所得。

上述来源于中国境内、境外的所得按照下列原则确定：销售货物所得，按照交易活动发生地（通常为销货企业的营业机构所在地）确定；提供劳务所得，按照劳务发生地确定；转让财产所得，不动产转让所得按照不动产所在地确定，动产转让所得按照转让动产的企业和机构、场所所在地确定，权益性投资资产转让所得按照被投资企业所在地确定；股息、红利等权益性投资所得，按照分配所得的企业所在地确定；利息所得、租金所得、特许权使用费所得，按照负担、支付所得的企业和机构、场所所在地确定或者按照负担、支付所得的个人的住所地确定；其他所得，由财政部、国家税务总局确定。

上述实际联系是指非居民企业在中国境内设立的机构、场所拥有据以取得所得的股权、债权和拥有、管理、控制据以取得所得的财产等。

（四）怎样计算企业所得税的应纳税所得额？

企业所得税以应纳税所得额为计税依据。

企业应纳税所得额的计算，以权责发生制为原则，即属于当期的收入和费用，不论款项是否收付，均作为当期的收入和费用；不属于当期的收入和费用，即使款项已经在当期收付，均不作为当期的收入和费用，税法另有规定的除外。

企业本纳税年度的收入总额，减除不征税收入、免税收入、各项扣除和允许弥补的以前年度亏损以后的余额,为应纳税所得额。

纳税年度自公历 1 月 1 日起至 12 月 31 日止。企业在一个纳税年度中间开业或者终止经营活动,使该纳税年度的实际经营期不足 12 个月的,应当以其实际经营期为一个纳税年度。企业依法清算的时候,应当以清算期间作为一个纳税年度。

应纳税所得额计算公式:

应纳税所得额 = 收入总额 − 不征税收入 − 免税收入 − 各项扣除 − 允许弥补的以前年度亏损

例:某居民企业本纳税年度总收入为 1200 万元,其中不征税收入为 100 万元,免税收入为 50 万元,各项扣除为 570 万元;允许弥补的以前年度亏损为 80 万元,该企业本纳税年度企业所得税应纳税所得额的计算方法如下:

应纳税所得额 = 1200 − 100 − 50 − 570 − 80
= 400(万元)

非居民企业在中国境内从事船舶、航空等国际运输业务的,以其在中国境内起运客货收入总额的 5% 为应纳税所得额。

非居民企业没有在中国境内设立机构、场所,取得来源于中国境内的所得或者虽然在中国境内设立机构、场所,但是取得来源于中国境内的所得与其在中国境内所设机构、场所没有实际联系,应当按照下列方法计算应纳税所得额:

1. 股息、红利等权益性投资收益和利息、租金、特许权使用费所得,以收入全额为应纳税所得额。

2. 转让财产所得,以收入全额减除财产净值以后的余额为应纳税所得额。

3. 其他所得,参照前两项规定的方法计算应纳税所得额。

六、企业所得税

（五）企业的收入有哪些形式、项目？

企业以货币、非货币形式从各种来源取得的收入为收入总额。

上述企业取得收入的货币形式，包括现金、存款、应收账款、应收票据、准备持有至到期的债券投资和债务的豁免等；企业取得收入的非货币形式，包括固定资产、生物资产、无形资产、股权投资、存货、不准备持有至到期的债券投资、劳务和有关权益等。

企业以非货币形式取得的收入，应当按照公允价值即按照市场价格确定的价值确定收入额。

上述收入总额，包括销售货物收入，提供劳务收入，转让财产收入，股息、红利等权益性投资收益，利息收入，租金收入，特许权使用费收入，接受捐赠收入，其他收入。

（六）企业的哪些支出可以在计算应纳税所得额的时候扣除？

企业实际发生的与取得收入有关的、合理的支出，包括成本、费用、税金、损失和其他支出，可以在计算企业所得税应纳税所得额的时候按照规定的范围和标准扣除。

上述成本是指企业在生产、经营活动中发生的销售成本、销货成本、业务支出和其他耗费。

上述费用是指企业在生产、经营活动中发生的销售费用、管理费用和财务费用，已经计入成本的有关费用除外。

上述税金是指企业发生的除了企业所得税和允许抵扣的增值税以外的税金及其附加。企业按照规定缴纳的、由国务院或者财政部批准设立的政府性基金，由国务院和省级人民政府及其财政、价格主管部门批准设立的行政事业性收费，也可以扣除。

上述损失是指企业在生产、经营活动中发生的固定资产和存货的盘亏、毁损、报废损失，转让财产损失，呆账损失，坏账损失，自然灾害等不可抗力造成的损失，其他损失。

上述其他支出是指除了上述成本、费用、税金和损失以外，企业在生产、经营活动中发生的与生产、经营活动有关的、合理的支出。

（七）企业的工资、薪金支出怎样扣除？

企业发生的合理的工资、薪金支出，可以在计算企业所得税应纳税所得额的时候扣除。

上述工资、薪金是指企业本纳税年度支付给在本企业任职和受雇的职工的所有现金形式与非现金形式的劳动报酬，包括基本工资、奖金、津贴、补贴、年终加薪、加班工资和与职工任职、受雇有关的其他支出。

上述合理的工资、薪金是指企业按照股东大会、董事会、薪酬委员会或者相关管理机构制定的工资、薪金制度规定发给员工的工资、薪金。税务机关确认工资、薪金合理性的时候可以按照下列原则掌握：企业制定了较为规范的员工工资、薪金制度；企业制定的工资、薪金制度符合行业和地区水平；企业在一定时期发放的工资、薪金相对固定，工资、薪金调整有序；企业在发放工资、薪金的时候已经依法代扣代缴个人所得税；有关工资、薪金的安排不以减少或者逃避纳税为目的。

企业由于雇用季节工、临时工、实习生、返聘离退休人员和接受外部劳务派遣用工发生的费用，应当区分为工资、薪金支出和职工福利费支出，并依法扣除。其中属于工资、薪金支出的部分，可以计入企业的工资、薪金总额。

国有性质的企业，其工资、薪金不得超过政府有关部门限定的数额。

（八）企业的各类保险、劳动保护支出怎样扣除？

企业按照国务院有关主管部门或者省级人民政府规定的范围和标准为职工缴纳的基本养老保险费、基本医疗保险费、失业保险费、工伤保险费、生育保险费等基本社会保险费和住房公积金，可以在计算企业所得税应纳税所得额的时候扣除。

企业按照规定为本企业全体员工支付的补充养老保险费、补充医疗保险费，分别不超过职工工资总额5%的部分；企业参加雇主责任险、公众责任险等责任保险，按照规定缴纳的保险费，也可以扣除。

除了企业按照规定为特殊工种职工支付的人身安全保险费（如煤矿企业、建筑施工企业为有关职工支付的意外伤害保险费等）和财政部、国家税务总局规定可以扣除的商业保险费（如企业职工出差乘坐交通工具时支付的人身意外保险费）以外，企业为投资者和职工支付的其他商业保险费不能扣除。

企业参加财产保险，按照规定缴纳的保险费，可以扣除。

企业发生的合理的劳动保护支出（如购置工作服、安全保护用品和防暑降温用品等支出），可以扣除。

（九）企业的职工福利费、工会经费和职工教育经费支出怎样扣除？

企业发生的职工福利费支出，不超过工资、薪金总额14%的部分，可以扣除。

上述职工福利费包括下列内容：没有实行分离办社会职能的企业，其内设福利部门所发生的设备、设施和人员费用，包括职工食堂、职工浴室、理发室、医务所、托儿所、疗养院等集体福利部门的设备、设施和维修保养费用，福利部门工作人员的工资、薪金、社会保险费、住房公积金和劳务费等；为职工卫生保健、生活、住房和交通等所发放的各项补贴和非货币性福利，包括企业向职工发放的因公外地就医费用、未实行医疗统筹企业职工医疗费用、职工供养直系亲属医疗补贴、供暖费补贴、职工防暑降温费、职工困难补贴、救济费、职工食堂经费补贴和职工交通补贴等；按照其他规定发生的其他职工福利费，包括丧葬补助费、抚恤费、安家费和探亲假路费等。

企业发生的职工福利费没有单独设置账册准确核算的，税务机关应当责令企业在规定的期限以内改正；逾期没有改正的，税务机关可以合理核定企业发生的职工福利费。

企业拨缴的工会经费，不超过工资、薪金总额2%的部分，可以扣除。

企业发生的职工教育经费支出，不超过工资、薪金总额8%的部分，可以扣除；超过工资、薪金总额8%的部分，可以在以后纳税年度结转扣除。

例：某企业本纳税年度发生合理的工资、薪金支出200万元，发生职工福利费支出26万元，拨缴的工会经费4万元，发生职工教育经费支出18万元。其中职工福利费和工会经费支出分别没有超过规定的扣除限额28万元（=200×14%）和4万元（=200×2%），所以都可以在计算当年企业所得税应纳税所得额的时候扣除；职工教育经费支出超过规定扣除限额的2万元（=18－200×8%）则不能在计算当年企业所得税应纳税所得额的时候扣除，但是可以在以后年度结转扣除。

（十）企业的借款费用、利息支出怎样扣除？

企业在生产、经营活动中发生的合理的、不需要资本化的借款费用，可以在计算企业所得税应纳税所得额的时候扣除。

企业为购置、建造固定资产、无形资产和经过12个月以上的建造才能达到预定可销售状态的存货发生借款的，在有关资产购置、建造期间发生的合理的借款费用，应当作为资本性支出计入有关资产的成本，并可以依法扣除。

企业通过发行债券、取得贷款和吸收保户储金等方式融资发生的合理的费用，符合资本化条件的，应当计入相关资产成本；不符合资本化条件的，应当作为财务费用扣除。

企业在生产、经营活动中发生的下列利息支出，可以扣除：非金融企业向金融企业借款的利息支出、金融企业的各项存款利息支出和同业拆借利息支出、企业经批准发行债券的利息支出；非金融企业向非金融企业借款的利息支出,不超过按照金融企业同期同类贷款利率计算的数额的部分;企业向内部职工和其他人员(不包括股东和其他与企业有关联关系的自然人)借款的利息支出,不超过按照金融企业同期同类贷款利率计算的数额的部分,但是企业与个人之间的借贷应当真实、合法、有效,不具有非法集资目的和其他违法行为,且企业与个人之间签订了借款合同。

(十一)企业的研究和开发费用怎样扣除?

企业开展研究和开发活动中实际发生的研发费用,没有形成无形资产计入当期损益的,可以在据实扣除的基础上按照本年度实际发生额的50%从本年度应纳税所得额中扣除;形成无形资产的,可以按照无形资产成本的150%在企业所得税前摊销。

例:某企业本纳税年度发生允许计入当期费用、在计算企业所得税应纳税所得额的时候扣除的新产品研发费用为100万元,可以按照上述费用额的50%加计扣除50万元(=100×50%),合计扣除额为150万元(=100+50)。

自2018年至2020年,企业在研究和开发活动中发生的研发费用,没有形成无形资产计入当期损益的,在计算当年企业所得税应纳税所得额的时候,可以在据实扣除的基础上按照实际发生额的75%加计扣除;形成无形资产的,可以按照无形资产成本的175%摊销。

(十二)企业的业务招待费、广告费和业务宣传费支出怎样扣除?

企业发生的与生产、经营活动有关的业务招待费支出,可以按照发生额的60%扣除,但是最高不得超过当年销售(营业)收入的5‰。

例:某企业本纳税年度发生与生产、经营活动有关的业务招待费支出10万元,按照60%的比例计算的可以在计算企业所得税应纳税所得额的时候扣除的金额为 6 万元（=10×60%）。但是，由于该企业当年的销售收入只有 1000 万元，按照 5‰ 的比例计算的业务招待费支出的最高限额只有 5 万元（=1000×5‰）。所以，该企业当年的业务招待费支出在计算应纳税所得额的时候只能扣除 5 万元。

企业在筹建期间发生的与筹建活动有关的业务招待费支出，可以按照实际发生额的 60% 计入企业筹办费。

企业发生的符合条件的广告费、业务宣传费支出，除了财政部、国家税务总局另有规定以外，不超过本纳税年度销售（营业）收入 15% 的部分，可以扣除；超过本纳税年度销售（营业）收入 15% 的部分，可以在以后纳税年度结转扣除。

例： 某企业本纳税年度发生符合条件的广告费、业务宣传费支出 400 万元。但是，由于该企业当年的销售收入只有 2000 万元，按照 15% 的比例计算的广告费、业务宣传费支出的扣除限额只有 300 万元（=2000×15%）。所以，该企业当年的广告费、业务宣传费支出，在计算企业所得税应纳税所得额的时候只能扣除 300 万元，超过扣除限额的 100 万元（=400−300）可以在以后年度结转扣除。

企业在筹建期间发生的广告费、业务宣传费，可以按照实际发生额计入企业筹办费。

自 2016 年至 2020 年，化妆品制造、销售，医药、饮料（不包括酒类）制造企业发生的广告费、业务宣传费支出，不超过当年销售（营业）收入 30% 的部分可以扣除，超过的部分可以在以后纳税年度结转扣除。签订广告费、业务宣传费分摊协议的关联企业，其中一方发生的不超过当年销售（营业）收入税前扣除限额比例的广告费、业务宣传费支出可以在本企业扣除，也可以将其中的部分或者全部按照分摊协议归集至另一方扣除。另一方在计算本企业广告费、业务宣传费支出企业所得税税前扣除限额时，可以不将按照上述办法归集至本企业的广告费、业务宣传费计算在内。烟草企业的烟草广告费、业务宣传费支出一律不得扣除。

(十三) 企业的手续费、佣金支出怎样扣除？

企业发生与生产、经营有关的手续费、佣金支出，不超过下列限额的部分可以扣除：

（1）保险企业：以当年全部保费收入扣除退保金等以后余额的18%为限，超过限额的部分可以结转以后年度扣除。

（2）其他企业：以企业与具有合法经营资格的中介服务机构、个人（不包括交易双方及其雇员、代理人和代表人等）签订服务协议或者合同确认的收入的5%为限。

企业应当与具有合法经营资格的中介服务机构、个人签订代办协议或者合同，并按照有关规定支付手续费、佣金。除了委托个人代理以外，企业以现金等非转账方式支付的手续费、佣金不能在税前扣除。企业为发行权益性证券支付给有关证券承销机构的手续费、佣金不能在税前扣除。

企业不能将手续费、佣金支出计入回扣、业务提成、返利和进场费等费用，也不能直接冲减服务协议或者合同金额。

企业已经计入固定资产、无形资产等资产的手续费、佣金支出，应当通过折旧、摊销等方式分期扣除，不能在发生当期直接扣除。

例：某财产保险企业本纳税年度全部保费收入扣除退保金等以后余额为1000万元，按照18%的比例计算的可以在计算企业所得税应纳税所得额的时候扣除的手续费、佣金限额为180万元（=1000×18%）。

从事代理服务、主营业务收入为手续费、佣金的企业（如证券、期货和保险代理等企业），为取得上述收入发生的营业成本（包括手续费、佣金支出），可以扣除。

(十四) 企业的公益性捐赠支出怎样扣除？

企业发生的公益性捐赠支出，在企业按照全国统一会计制度的规定计算的年度会计利润总额 12% 以内的部分，可以在计算企业所得税应纳税所得额的时候扣除；超过 12% 的部分，可以结转以后 3 年之内在计算企业所得税应纳税所得额的时候扣除。

上述公益性捐赠是指企业通过公益性社会组织和县级以上人民政府及其组成部门、直属机构，用于符合法律规定的慈善活动、公益事业的捐赠，包括救助灾害、救济贫困、扶助残疾人等困难的社会群体和个人的活动，教育、科学、文化、卫生和体育事业，环境保护和社会公共设施建设，捐赠住房作为公租房，促进社会发展的其他社会公共事业和福利事业。

上述公益性社会组织是指同时符合下列条件的慈善组织和其他社会组织：依法登记，具有法人资格；以发展公益事业为宗旨，且不以营利为目的；全部资产及其增值为该法人所有；收益和营运结余主要用于符合该法人设立目的的事业；终止以后的剩余财产不归属任何个人和营利组织；不经营与其设立目的无关的业务；有健全的财务会计制度；捐赠者不以任何形式参与该法人财产的分配；财政部、国家税务总局会同民政部等登记管理部门规定的其他条件。

例：某企业本纳税年度向规定的公益性社会团体捐款 1000 万元，当年该企业按照国家统一会计制度的规定计算的年度会计利润总额为 8000 万元，该企业当年公益性捐赠支出扣除限额为 960 万元（=8000×12%）。所以，该企业当年向规定的公益性社会团体捐款，在计算企业所得税应纳税所得额的时候只能扣除 960 万元，其余 40 万元可以按照规定结转以后年度扣除。

自 2019 年至 2022 年，企业通过公益性社会组织、县级以上人民政府及其组成部门和直属机构用于国家扶贫开发工作重点县、集中连片特困地区县和建档立卡贫困村的扶贫捐赠支出，可以在计算企业所得税应纳税所得额的时候据实扣除。在上述期限以内，上述地区实现脱贫的，可以继续适用上述规定。

六、企业所得税

（十五）企业的哪些支出不能在计算应纳税所得额的时候扣除？

企业在计算企业所得税应纳税所得额的时候，下列支出不得扣除：向投资者支付的股息、红利等权益性投资收益款项，企业所得税税款，税收滞纳金，罚金、罚款和被没收财物的损失，公益性捐赠支出以外的捐赠支出，赞助支出，不符合财政部、国家税务总局规定的各项资产减值准备、风险准备等准备金支出，与取得收入无关的其他支出。

此外，企业的不征税收入用于支出形成的费用；企业的不征税收入用于支出形成的财产，其固定资产折旧和无形资产摊销，也不能扣除。

（十六）企业的亏损怎样处理？

企业本纳税年度发生的亏损，可以用以后纳税年度的所得弥补，但是结转年限最长不能超过5年。

上述亏损是指企业依法将本纳税年度的收入总额减除不征税收入、免税收入和各项扣除以后小于零的数额。企业开始生产、经营的年度为开始计算企业损益的年度。

例：某企业2012年和2013年分别亏损170万元和60万元。从2014年到2017年，在没有弥补2012年和2013年亏损的情况下，该企业的盈利为160万元。这样，该企业2012年的亏损到2017年已经连续结转5年，只能弥补160万元，剩余的10万元不能在2018年继续结转和弥补。该企业2013年的亏损为60万元，可以用2018年的盈利弥补。如果该企业2018年的盈利为50万元，则只能弥补50万元，其余的亏损10万元，由于结转期已经满5年，所以就不能在2019年继续结转和弥补了。

企业在汇总计算缴纳企业所得税的时候，其中国境外营业机构的亏损不能抵减中国境内营业机构的盈利。

合伙企业合伙人是法人和其他组织的,合伙人在计算其缴纳企业所得税时,不能用合伙企业的亏损抵减其盈利。

当年具备高新技术企业、科技型中小企业资格的企业,其具备资格年度以前 5 个年度发生的尚未弥补的亏损,可以结转以后年度弥补,最长结转年限由 5 年延长至 10 年。

(十七)企业的固定资产折旧是怎样规定的?

固定资产是指企业为生产产品、提供劳务、出租和经营管理而持有的、使用时间超过 12 个月的非货币性资产,包括房屋、建筑物、机器、机械、运输工具和其他与生产、经营活动有关的设备、器具、工具等。

企业在计算应纳税所得额的时候,固定资产按照直线法计算的折旧,可以扣除。

除了财政部、国家税务总局另有规定以外,固定资产计算折旧的最低年限如下:房屋、建筑物,20 年;飞机、火车、轮船、机器、机械和其他生产设备,10 年;与生产、经营活动有关的器具、工具和家具等,5 年;飞机、火车和轮船以外的运输工具(如汽车、摩托车、拖拉机和机帆船等),4 年;电子设备,3 年。

企业购进软件,符合固定资产确认条件的,可以按照固定资产核算,折旧年限可以适当缩短,最短为 2 年。

集成电路生产企业的生产性设备,折旧年限可以适当缩短,最短为 3 年。

直线法的计算公式:

年折旧率 = (1 - 预计净残值率) ÷ 折旧年限 × 100%

月折旧率 = 年折旧率 ÷ 12

月折旧额 = 固定资产原值 × 月折旧率

企业的固定资产由于技术进步,产品更新换代比较快或者常年处于强震动、高腐蚀状态,需要加速折旧的,可以缩短折旧年限或者采取加速折旧的方法。

企业采取缩短折旧年限方法的，购置的新固定资产，最低折旧年限不得低于税法规定的折旧年限的 60%；购置使用过的固定资产，最低折旧年限不得低于税法规定的最低折旧年限减去使用年限以后剩余年限的 60%。最低折旧年限一经确定，一般不能改变。

企业采取加速折旧方法的，可以采用双倍余额递减法或者年数总和法。加速折旧方法一经确定，一般不能改变。

双倍余额递减法的计算公式：

年折旧率 = 2 ÷ 预计使用年限 × 100%

月折旧率 = 年折旧率 ÷ 12

月折旧额 = 月初固定资产账面净值 × 月折旧率

年数总和法的计算公式：

年折旧率 = 尚可使用年限 ÷ 预计使用年限的年数总和 × 100%

月折旧率 = 年折旧率 ÷ 12

月折旧额 = (固定资产原值 − 预计净残值) × 月折旧率

生物药品制造业，专用设备制造业，铁路、船舶、航空航天和其他运输设备制造业，计算机、通信和其他电子设备制造业，仪器仪表制造业，信息传输、软件和信息技术服务业 6 个行业的企业 2014 年以后购进的固定资产，轻工、纺织、机械和汽车 4 个行业的企业 2015 年以后购进的固定资产，可以缩短折旧年限或者采取加速折旧的方法。

自 2019 年 1 月 1 日起，适用上述固定资产加速折旧规定的行业扩大至全部制造业。

上述前 6 个行业的小型微利企业 2014 年以后，后 4 个行业的小型微利企业 2015 年以后购进的研发和生产、经营共用的仪器、设备，单位价值不超过 100 万元的，允许一次性计入当期成本、费用，在计算企业所得税应纳税所得额的时候扣除，不再分年度计算折旧；单位价值超过 100 万元的，可以缩短折旧年限或者采取加速折旧的方法。

企业 2014 年以后购进的专门用于研发的仪器、设备，单位价值不超过 100 万元的,允许一次性计入当期成本、费用,在计算企业所得税应纳税所得额的时候扣除,不再分年度计算折旧;单位价值超过 100 万元的,可以缩短折旧年限或者采取加速折旧的方法。

投入使用的固定资产,应当自其投入使用月份的次月起计算折旧;停止使用的固定资产,应当自其停止使用月份的次月起停止计算折旧。

下列固定资产不得计算折旧扣除:房屋、建筑物以外没有投入使用的固定资产,以经营租赁方式租入的固定资产,以融资租赁方式租出的固定资产,已经足额提取折旧继续使用的固定资产,与经营活动无关的固定资产,单独估价作为固定资产入账的土地,其他不得计算折旧扣除的固定资产。

企业在 2018 年至 2020 年期间购进的房屋、建筑物以外的固定资产,单位价值不超过 500 万元的,可以一次性计入当期成本、费用,在计算应纳税所得额时扣除,不再分年度计算折旧。

(十八) 企业无形资产的摊销是怎样规定的?

无形资产是指企业为生产产品、提供劳务、出租和经营管理而持有的、没有实物形态的非货币性长期资产,包括专利权、商标权、著作权、土地使用权、非专利技术和商誉等。

在计算企业所得税应纳税所得额的时候,无形资产按照直线法计算的摊销费用,可以扣除。

无形资产的摊销年限不得低于 10 年。

作为投资、受让的无形资产,有关法律规定或者合同约定了使用年限的,可以按照法律规定或者合同约定的使用年限分期摊销。

外购商誉的支出,在企业整体转让、清算的时候,可以扣除。

下列无形资产不得计算摊销费用扣除:自行开发的支出已经在计算应纳税所得额的时候扣除的无形资产、自创商誉、与经营活动无关的无形资产、其他不得计算摊销费用扣除的无形资产。

企业购进软件,符合无形资产确认条件的,可以按照无形资产核算，摊销年限可以适当缩短，最短为 2 年。

（十九）企业所得税的税率是怎样规定的？

企业所得税的税率为 25%。符合条件的小型微利企业，可以减按 20% 的税率缴纳企业所得税。国家需要重点扶持的高新技术企业，可以减按 15% 的税率缴纳企业所得税。

非居民企业没有在中国境内设立机构、场所，取得来源于中国境内的所得；或者虽然在中国境内设立机构、场所，但是取得来源于中国境内的所得与其在中国境内所设机构、场所没有实际联系，税率为 20%。符合条件的项目，可以减按 10% 的税率缴纳企业所得税。中国政府同外国政府签订的有关税收的协定有更优惠规定的，可以按照有关税收协定办理。

（二十）企业所得税的应纳税额怎样计算？

企业的应纳税所得额乘以适用税率，减除按照企业所得税法的规定免征、减征和抵免的税额以后的余额，为企业所得税应纳税额。

居民企业来源于中国境内、境外的所得，非居民企业在中国境内所设机构、场所取得的来源于中国境内的所得和发生在中国境外但是与其在中国境内所设机构、场所有实际联系的所得，应当按照下列方法计算缴纳企业所得税：

应纳税额计算公式：

应纳税所得额 = 收入总额 − 不征税收入 − 免税收入 − 各项扣除 − 允许弥补的以前年度亏损

应纳税额 = 应纳税所得额 × 适用税率 − 减免税额 − 抵免税额

例 1：某居民企业适用企业所得税税率为 25%，本纳税年度总收入为 1200 万元，其中不征税收入为 100 万元，免税收入为 50 万元，各项扣除为 570 万元；允许弥补的以前年度亏损为 80 万元，减免税额为 30 万元，抵免税额为 10 万元，该企业当年应纳企业所得税税额的计算方法如下：

应纳税所得额 = 1200 − 100 − 50 − 570 − 80
　　　　　　 = 400（万元）

应纳税额 = 400 × 25% − 30 − 10
　　　　 = 60（万元）

例2：某外国企业在中国境内设立一个分公司，该分公司本纳税年度的应纳税所得额为2000万元，既不享受税收优惠，也没有抵免税额，该分公司当年应纳企业所得税税额的计算方法如下：

应纳税额 = 2000 × 25%
　　　　 = 500（万元）

非居民企业没有在中国境内设立机构、场所，取得来源于中国境内的所得；或者虽然在中国境内设立机构、场所，但是取得来源于中国境内的所得与其在中国境内所设机构、场所没有实际联系，应当按照以下方法计算缴纳企业所得税。

应纳税额计算公式：

应纳税额 = 应纳税所得额 × 适用税率 − 减免的税额

例3：没有在中国境内设立机构的某外国银行从中国境内取得利息收入8000万元，可以依法减按10%的税率缴纳企业所得税，该银行上述收入应纳企业所得税税额的计算方法如下：

应纳税额 = 8000 × 10%
　　　　 = 800（万元）

例4：某外国公司驻华代表处受该公司之托，将该公司在华一处净值6000万元的房产出售，取得收入8000万元，可以依法减按10%的税率缴纳企业所得税，该代表处上述收入应纳企业所得税税额的计算方法如下：

应纳税所得额 = 8000 − 6000
　　　　　　 = 2000（万元）

应纳税额 = 2000 × 10%
　　　　 = 200（万元）

居民企业来源于中国境外的所得；非居民企业在中国境内设立机构、场所，取得发生在中国境外但是与该机构、场所有实际联系的所得，已经在中国境外缴纳的所得税，可以从其当期应纳所得税中抵免，抵免限额为上述所得按照中国企业所得税法的规定计算的应纳税额；超过抵免限额的部分，可以在超过抵免限额的纳税年度次年起连续5个纳税年度以内，用每个纳税年度抵免限额抵免当年应抵税额以后的余额抵补。上述抵免限额可以分国（地区）不分项计算，也可以不分国（地区）不分项方式计算，但是计算方式一经选择，5年以内不能改变。

（二十一）企业所得税的主要免税、减税规定有哪些？

国债利息收入，符合条件的居民企业之间的股息、红利等权益性投资收益，在中国境内设立机构、场所的非居民企业从居民企业取得与该机构、场所有实际联系的股息、红利等权益性投资收益，符合条件的非营利组织的收入，可以免征企业所得税。

从事农业、林业、牧业和渔业项目的所得；从事国家重点扶持的公共基础设施项目投资经营的所得；从事环境保护、节能节水项目的所得；技术转让所得；软件、集成电路产业；非居民企业没有在中国境内设立机构、场所，取得来源于中国境内的所得，或者虽然在中国境内设立机构、场所，但是取得来源于中国境内的所得与其在中国境内所设机构、场所没有实际联系，外国政府向中国政府提供贷款取得的利息，国际金融组织向中国政府、居民企业提供优惠贷款取得的利息，可以按照规定免征、减征企业所得税。

符合条件的小型微利居民企业，可以减按20%的税率征收企业所得税。国家需要重点扶持的高新技术企业、符合规定的技术先进型服务企业，可以减按15%的税率征收企业所得税。

自2019年至2021年，小型微利企业年应纳税所得额不超过100万元的部分，可以减按25%计入应纳税所得额；年应纳税所得额超过100万元不超过300万元的部分，可以减按50%计入应纳税所得额。上述企业应当同时符合年应纳税所得额不超过300万元、从业人数不超过300人和资产总额不超过5000万元3个条件，无论征收方式如何。

民族自治地方的自治机关对本民族自治地方的企业应当缴纳的企业所得税中地方分享的部分，可以决定减征、免征。

中国境外投资者从中国境内居民企业分配的利润直接投资于非禁止外商投资的项目和领域，符合规定条件的，可以暂不征收企业所得税。

（二十二）企业所得税的纳税期限是怎样规定的？

企业所得税分月或者分季预缴，由税务机关具体核定；年终汇算清缴，多退少补。符合条件的小型微利企业，按照季度申报预缴企业所得税。

企业应当自月份或者季度终了之日起15日以内，向税务机关报送预缴企业所得税纳税申报表，预缴上个月或者上个季度的企业所得税。

企业应当自年度终了之日起5个月以内，向税务机关报送年度企业所得税纳税申报表，并汇算清缴上个年度的企业所得税，结清应缴税款或者应退税款。

企业分月或者分季预缴企业所得税的时候，应当按照月度或者季度的实际利润额预缴；按照月度或者季度的实际利润额预缴有困难的，可以按照上一纳税年度应纳税所得额的月度或者季度平均额预缴，或者按照经税务机关认可的其他方法预缴。预缴方法一经确定，本纳税年度以内不能随意变更。

企业在本纳税年度以内无论盈利或者亏损，都应当依法向税务机关报送预缴企业所得税纳税申报表、年度企业所得税纳税申报表、财务会计报告和税务机关规定应当报送的其他资料。

企业在年度中间终止经营活动的，应当自实际经营终止之日起60日以内，向税务机关办理当期企业所得税汇算清缴。

企业注销的，应当在办理注销登记以前就其清算所得向税务机关申报缴纳企业所得税。企业应当自清算结束之日起15日以内向税务机关报送企业清算所得税纳税申报表，结清税款。

（二十三）企业所得税的纳税地点是怎样规定的？

除了税收法律、行政法规另有规定以外，居民企业的企业所得税纳税地点为企业登记注册地；但是登记注册地在中国境外的，企业所得税纳税地点为实际管理机构所在地。

居民企业在中国境内设立不具有法人资格的营业机构的，应当汇总计算缴纳企业所得税。

非居民企业在中国境内所设机构、场所取得的来源于中国境内的所得和发生在中国境外但是与其在中国境内所设机构、场所有实际联系的所得，以其在中国境内所设机构、场所所在地为企业所得税纳税地点。非居民企业在中国境内设立两个以上机构、场所，符合国家税务总局规定条件的，可以选择由其主要机构、场所汇总缴纳企业所得税。

非居民企业没有在中国境内设立机构、场所，取得来源于中国境内的所得；或者虽然在中国境内设立机构、场所，但是取得来源于中国境内的所得与其在中国境内所设机构、场所没有实际联系的，一般以扣缴义务人所在地为企业所得税纳税地点。扣缴义务人每次代扣的所得税税款，应当自代扣之日起7日以内缴入国库，并向所在地的税务机关报送扣缴企业所得税报告表。

（二十四）哪些企业可以核定征收企业所得税？

居民企业纳税人具有下列情形之一的，可以核定征收企业所得税：按照法律、行政法规的规定可以不设置账簿的；按照法律、行政法规的规定应当设置账簿而没有设置账簿的；擅自销毁账簿或者拒不提供纳税资料的；虽然设置账簿，但是账目混乱或者成本资料、收入凭证、费用凭证残缺不全，难以查账的；发生纳税义务，没有按照规定的期限办理纳税申报，经税务机关责令限期申报，逾期仍不申报的；申报的计税依据明显偏低，又无正当理由的。

国家税务总局规定的特殊行业、特殊类型的纳税人和一定规模以上的纳税人，不适用核定征收企业所得税办法。

税务机关应当根据核定征收企业所得税的纳税人的具体情况，核定其应税所得率或者应纳企业所得税税额。

税务机关可以采用下列方法核定征收企业所得税：参照当地同类行业或者类似行业中经营规模和收入水平相近的纳税人的税负水平核定，按照应税收入额或者成本、费用支出额定率核定，按照耗用的原材料、燃料、动力等推算或者测算核定，按照其他合理方法核定。采用上述方法中的一种方法不足以正确核定企业所得税应纳税所得额或者应纳企业所得税税额的，可以同时采用两种以上的方法核定。采用两种以上方法测算的应纳企业所得税税额不一致时，可以从高核定。

采用应税所得率方式核定征收企业所得税的，应纳企业所得税税额的计算公式如下：

应纳税额 = 应纳税所得额 × 适用税率

应纳税所得额 = 应税收入额 × 应税所得率

应税收入额 = 收入总额 − 不征税收入 − 免税收入

或者：

应纳税所得额 = 成本（费用）支出额 ÷ (1 − 应税所得率) × 应税所得率

应税所得率按照表5规定的标准确定：

表5　　　　　　　　　应税所得率标准

行业	应税所得率（%）
一、农业、林业、牧业、渔业	3~10
二、制造业	5~15

续表

行业	应税所得率（%）
三、批发和零售贸易业	4~15
四、交通运输业	7~15
五、建筑业	8~20
六、饮食业	8~25
七、娱乐业	15~30
八、其他行业	10~30

例1：某企业本年度收入总额为200万元，税务机关核定其应税所得率为10%，企业所得税适用税率为25%，该企业应纳企业所得税税额的计算方法如下：

应纳税所得额 = 200 × 10%
　　　　　　 = 20（万元）
应纳所得税额 = 20 × 25%
　　　　　　 = 5（万元）

例2：某企业本年度成本费用支出总额为170万元，税务机关核定其应税所得率为15%，企业所得税适用税率为25%，该企业应纳企业所得税税额的计算方法如下：

应纳税所得额 = 170 ÷ （1 - 15%） × 15%
　　　　　　 = 30（万元）
应纳所得税额 = 30 × 25%
　　　　　　 = 7.5（万元）

七、个人所得税

（一）什么是个人所得税？

个人所得税是以个人的所得为征税对象，是目前各国普遍征收的一种税收。1980年9月10日，第五届全国人民代表大会第三次会议通过《中华人民共和国个人所得税法》，当日公布施行。2018年8月31日，第十三届全国人民代表大会常务委员会第五次会议第七次修正，当日公布，自2019年1月1日起施行。1994年1月28日，国务院发布《中华人民共和国个人所得税法实施条例》。2018年12月18日，国务院第四次修改该条例。

个人所得税由税务机关负责征收管理，所得收入由中央政府与地方政府共享，是中央政府和地方政府税收收入的主要来源之一。2017年，个人所得税收入为11966.4亿元，占当年中国税收总额的8.3%。

（二）哪些个人应当缴纳所得税？

个人所得税以取得所得的个人为纳税人，具体分为下列两类：

1. 在中国境内有住所的个人，在中国境内没有住所、一个纳税年度以内在中国境内居住累计满183天的个人，为居民个人，应当就其从中国境内、境外取得的所得纳税。

2. 在中国境内没有住所又不居住的个人，在中国境内没有住所、一个纳税年度以内在中国境内居住累计不满183天的个人，为非居民个人，应当就其从中国境内取得的所得纳税。

上述在中国境内有住所是指纳税人因户籍、家庭和经济利益关系在中国境内习惯性居住；从中国境内、境外取得的所得，分别指来源于中国境内、境外的所得。

除了财政部、国家税务总局另有规定以外，纳税人取得的下列所得，不论支付地点是否在中国境内，均为来源于中国境内所得：因任职、受雇和履约等在中国境内提供劳务取得的所得，将财产出租给承租人在中国境内使用取得的所得；许可各种特许权在中国境内使用取得的所得，转让中国境内的不动产等财产和在中国境内转让其他财产取得的所得，从中国境内的企业、事业单位、其他组织和居民个人取得的利息、股息和红利所得。

在中国境内没有住所的个人，在中国境内居住累计满183天的纳税年度连续不满6年的，经向税务机关备案，其来源于中国境外且由中国境外单位、个人支付的所得，可以免缴个人所得税；在中国境内居住累计满183天的任一纳税年度中有一次离境超过30天的，其在中国境内居住累计满183天的纳税年度的连续年限可以重新起算。

在中国境内没有住所的个人，在一个纳税年度内在中国境内居住累计不超过90天的，其来源于中国境内的所得，由中国境外雇主支付并且不由该雇主在中国境内的机构、场所负担的部分，可以免缴个人所得税。

（三）个人取得的哪些所得应当缴纳所得税？

个人所得税设有9个征税项目，即工资、薪金所得，劳务报酬所得，稿酬所得，特许权使用费所得，经营所得，利息、股息和红利所得，财产租赁所得，财产转让所得，偶然所得。

个人所得税分类、分项计算，以应纳税所得额为计税依据，分别采用超额累进税率和比例税率。其中，居民个人取得的工资、薪金所得，劳务报酬所得，稿酬所得，特许权使用费所得4个征税项目合并为综合所得计税；经营所得，利息、股息和红利所得，财产租赁所得,财产转让所得,偶然所得5个征税项目和非居民个人取得的工资、薪金所得,劳务报酬所得,稿酬所得,特许权使用费所得4个征税项目分项计税。

目前,工资、薪金所得,财产转让所得,利息、股息和红利所得,经营所得,是中国个人所得税收入的主要来源。

(四) 综合所得怎样计算缴纳所得税?

综合所得的主要内容如下:

一是工资、薪金所得,包括个人因任职、受雇取得的工资、薪金、奖金、年终加薪、劳动分红、津贴、补贴和与任职、受雇有关的其他所得。

二是劳务报酬所得是指个人从事劳务取得的所得,包括从事设计、装潢、安装、制图、化验、测试、医疗、法律、会计、咨询、讲学、翻译、审稿、书画、雕刻、影视、录音、录像、演出、表演、广告、展览、技术服务、介绍服务、经纪服务、代办服务和其他劳务取得的所得。

三是稿酬所得,包括个人因其作品(包括文字作品、书画作品、摄影作品和其他作品)以图书、报刊等形式出版、发表取得的所得。

四是特许权使用费所得,包括个人提供专利权、商标权、著作权、非专利技术和其他特许权的使用权取得的所得。其中,提供著作权的使用权取得的所得不包括稿酬所得。

劳务报酬所得、稿酬所得和特许权使用费所得以收入减除20%的费用以后的余额为计税收入,稿酬所得的计税收入减按70%计算。

上述综合所得,以纳税人本纳税年度的收入减除费用6万元、专项扣除、专项附加扣除和其他法定的扣除以后的余额为应纳税所得额,按照7级超额累进税率计算应纳税额,详见《个人所得税税率表(一)》。

上述专项扣除，包括纳税人按照规定的范围和标准缴纳的基本养老保险费、基本医疗保险费、失业保险费和住房公积金4个项目。

上述专项附加扣除，包括子女教育支出、继续教育支出、大病医疗支出、住房贷款利息、住房租金和赡养老人支出6个项目，其具体范围、标准和实施步骤由国务院确定，并报全国人民代表大会常务委员会备案，现行规定如下：

1. 子女教育支出。纳税人的子女接受全日制学历教育（包括从小学教育到博士研究生教育）的相关支出，可以按照每个子女每月1000元的标准扣除。年满3岁至小学入学以前处于学前教育阶段的子女的教育支出，也可以按照上述标准扣除。

父母可以选择由其中一方按照上述标准扣除，也可以选择由双方分别按照上述标准的50%扣除，扣除方式在一个纳税年度以内不能变更。

2. 继续教育支出。纳税人在中国境内接受学历（学位）继续教育的支出，在学历（学位）教育期间可以按照每月400元的标准扣除。同一学历（学位）继续教育的扣除期限不能超过48个月。纳税人接受技能人员职业资格继续教育、专业技术人员职业资格继续教育的支出，在取得相关证书的当年，可以按照3600元的标准扣除。

个人接受本科以下学历（学位）继续教育，符合规定条件的，可以选择由其父母扣除，也可以选择由本人扣除。

3. 大病医疗支出。在一个纳税年度内，纳税人发生的与基本医疗保险相关的医药费用支出，扣除医疗保险报销以后个人负担（指医疗保险报销范围以内的自付部分）累计超过15000元的部分，纳税人在办理年度汇算清缴的时候可以在8万元的限额以内扣除。

纳税人发生的医药费用支出可以选择由本人或者其配偶扣除，未成年子女发生的医药费用支出可以选择由其父母一方扣除。

纳税人及其配偶、未成年子女发生的医药费用支出，可以按照上述规定分别计算扣除额。

4. 住房贷款利息。纳税人或者其配偶单独或者共同使用商业银行贷款、住房公积金个人住房贷款，为本人或者其配偶购买中国境内的住房，发生的首套住房贷款（指购买住房享受首套住房贷款利率的住房贷款）利息支出，在实际发生贷款利息的年度，可以按照每月1000元的标准扣除，扣除期限最长不超过240个月。纳税人只能享受一次首套住房贷款的利息扣除。

经夫妻双方约定，上述利息可以选择由其中一方扣除，扣除方式在一个纳税年度以内不能变更。

夫妻双方婚前分别购买住房发生的首套住房贷款，其贷款利息支出，婚后可以选择其中一套购买的住房，由购买方按照上述扣除标准的100%扣除，也可以由夫妻双方分别就各自购买的住房按照上述扣除标准的50%扣除，扣除方式在一个纳税年度以内不能变更。

5. 住房租金。纳税人在主要工作城市没有自有住房，支出的住房租金可以按照下列标准扣除：直辖市、省会（自治区首府）城市、计划单列市和国务院确定的其他城市，扣除标准为每月1500元。其他城市，市辖区户籍人口超过100万人的，扣除标准为每月1100元；市辖区户籍人口不超过100万人的城市，扣除标准为每月800元。

纳税人的配偶在纳税人的主要工作城市有自有住房的，视同纳税人在主要工作城市有自有住房。夫妻双方主要工作城市相同的，只能由其中的一方扣除住房租金。

住房租金由签订租赁住房合同的承租人扣除。

纳税人及其配偶在一个纳税年度以内不能同时分别享受住房贷款利息和住房租金专项附加扣除。

6. 赡养老人支出。纳税人赡养被赡养人的赡养支出，可以按照下列标准扣除：纳税人为独生子女的，可以按照每月2000元的标准扣除。纳税人为非独生子女的,可以与其兄弟姐妹分摊每月2000元的扣除额度,每人分摊的额度不能超过每月1000元。可以由赡养人均摊、约定分摊,也可以由被赡养人指定分摊。约定、指定分摊的,必须签订书面分摊协议,指定分摊优先于约定分摊。分摊方式、额度在一个纳税年度以内不能变更。

上述被赡养人是指年满60岁的父母,子女都已经去世的年满60岁的祖父母、外祖父母。

上述父母是指生父母、继父母和养父母;子女是指结婚生子女、非婚生子女、继子女和养子女。父母以外的人担任未成年人的监护人的,比照上述相关规定执行。

上述其他法定的扣除,包括个人缴付的符合规定的企业年金、职业年金,个人购买的符合规定的商业健康保险、税收递延型商业养老保险的支出,国务院规定的可以扣除的其他项目。

上述专项扣除、专项附加扣除和依法确定的其他扣除,以居民个人一个纳税年度的应纳税所得额为限额;一个纳税年度扣除不完的,不能结转以后年度扣除(见表6)。

表6　　　　　　　　个人所得税税率表(一)

级数	应纳税所得额	税率(%)	速算扣除数(元)
1	不超过36000元的	3	0
2	超过36000元至144000元的部分	10	2520
3	超过144000元至300000元的部分	20	16920
4	超过300000元至420000元的部分	25	31920
5	超过420000元至660000元的部分	30	52920
6	超过660000元至960000元的部分	35	85920
7	超过960000元的部分	45	181920

应纳税额计算公式：

应纳税所得额 = 综合收入 – 6 万元 – 专项扣除 – 专项附加扣除 – 其他法定扣除

应纳税额 = 应纳税所得额 × 适用税率 – 速算扣除数

例：职员王某 2019 年取得工资、劳务报酬和稿酬 24 万元；可以扣除费用 6 万元，按照规定允许扣除的基本养老保险费、基本医疗保险费、失业保险费（以下简称"三险"）、住房公积金和企业年金分别为其工资收入的 8%、2%、0.5%、12% 和 4%，还可以扣除子女教育支出 12000 元（每个月 1000 元）、继续教育支出 4800 元（每个月 400 元）、住房贷款利息 12000 元（每个月 1000 元）和赡养老人支出 24000 元（每个月 2000 元）；其上述收入应纳个人所得税税额的计算方法如下：

应纳税所得额 = 240000 – 60000 – 240000 × (8% + 2% + 0.5% + 12% + 4%) – 12000 – 4800 – 12000 – 24000
= 63600（元）

应纳税额 = 63600 × 10% – 2520
= 3840（元）

（五）非居民个人取得工资、薪金所得，劳务报酬所得，稿酬所得，特许权使用费所得，怎样计算缴纳所得税？

非居民个人取得工资、薪金所得，以每月收入额减除费用 5000 元以后的余额为应纳税所得额；取得劳务报酬所得、稿酬所得和特许权使用费所得，以每次收入减除 20% 的费用以后的余额为应纳税所得额，其中稿酬所得的应纳税所得额减按 70% 计算，按照《个人所得税税率表（二）》计算缴纳个人所得税。上述后 3 项所得，属于一次性收入的，以取得该项收入为一次；属于同一项目连续性收入的，以一个月以内取得的收入为一次（见表 7）。

表 7　　　　　　　　个人所得税税率表（二）

级数	应纳税所得额	税率（%）	速算扣除数（元）
1	不超过 3000 元的	3	0
2	超过 3000 元至 12000 元的部分	10	210
3	超过 12000 元至 25000 元的部分	20	1410
4	超过 25000 元至 35000 元的部分	25	2660
5	超过 35000 元至 55000 元的部分	30	4410
6	超过 55000 元至 80000 元的部分	35	7160
7	超过 80000 元的部分	45	15160

应纳税额计算公式：

应纳税额 = 应纳税所得额 × 适用税率 – 速算扣除数

例：非居民汤姆 2019 年从中国取得一笔稿酬 10 万元，其此项收入应纳个人所得税税额的计算方法如下：

应纳税所得额 =（100000 – 100000 × 20%）× 70%
　　　　　　 = 56000（元）

应纳税额 = 56000 × 35% – 7160
　　　　 = 12440（元）

（六）生产、经营所得怎样计算缴纳所得税？

经营所得包括下列项目：

1. 个体工商户从事生产、经营取得的所得，个人独资企业投资人、合伙企业的个人合伙人来源于中国境内注册的个人独资企业、合伙企业生产、经营的所得。

2. 个人依法从事办学、医疗、咨询和其他有偿服务取得的所得。

3. 个人对企业、事业单位承包经营、承租经营和转包、转租取得的所得。

4. 个人从事其他生产、经营取得的所得。

经营所得以纳税人本纳税年度的经营收入减除与其相关的成本、费用、税金和损失以后的余额为应纳税所得额,按照5级超额累进税率计算应纳税额,详见《个人所得税税率表(三)》(见表8)。

表8　　　　　　个人所得税税率表(三)

级数	应纳税所得额	税率(%)	速算扣除数(元)
1	不超过30000元的	5	0
2	超过30000元至90000元的部分	10	1500
3	超过90000元至300000元的部分	20	10500
4	超过300000元至500000元的部分	30	40500
5	超过500000元的部分	35	65500

应纳税额计算公式:

应纳税所得额 = 经营收入 - 成本、费用、税金和损失等

应纳税额 = 应纳税所得额 × 适用税率 - 速算扣除数

上述成本、费用是指纳税人在生产、经营中发生的各项直接支出、分配计入成本的间接费用和销售费用、管理费用、财务费用;损失是指纳税人在生产、经营中发生的固定资产、存货的盘亏、毁损和报废损失,转让财产损失,坏账损失,自然灾害等不可抗力因素造成的损失,其他损失。

取得经营所得的个人,没有综合所得的,在计算其本纳税年度的应纳税所得额的时候,可以减除费用6万元、专项扣除、专项附加扣除和法定的其他扣除。专项附加扣除应当在纳税人本纳税年度结束以后办理汇算清缴的时候减除。

纳税人从事生产、经营,没有提供完整、准确的纳税资料,不能正确计算其应纳税所得额的,税务机关可以核定其应纳税所得额

或者应纳税额。

（七）个体工商户的生产、经营所得怎样计算缴纳所得税？

从事生产、经营的个体工商户，依法从事办学、医疗、咨询和其他有偿服务活动的个人，从事其他生产、经营的个人（以下统称"个体户"），应当按照下列方法计税：

1. 应纳税所得额。个体户应纳税所得额的计算，以权责发生制为原则，财政部、国家税务总局另有规定的除外。个体户在计算应纳税所得额的时候，会计处理办法与财政部、国家税务总局相关规定不一致的，应当按照财政部、国家税务总局的相关规定计算。

个体户的生产、经营所得，以纳税人本纳税年度的经营收入减除成本、费用、税金、损失、其他支出和允许弥补的以前年度亏损以后的余额为应纳税所得额。

个体户发生的下列支出在计算应纳税所得额的时候不得扣除：个人所得税税款，税收滞纳金，罚金、罚款和被没收财物的损失，不符合扣除规定的捐赠支出，赞助支出（指个体户发生的与生产、经营无关的各种非广告性质的支出），用于个人、家庭的支出；与取得生产、经营收入无关的其他支出，国家税务总局规定的其他支出。

个体户本纳税年度发生的亏损，可以向以后年度结转，用以后年度的生产、经营所得弥补，但是结转年限最长不得超过5年。具体计算方法同企业所得税（参见本书"六、企业所得税"部分的相关内容）。

2. 税前扣除。个体户可以按照规定减除费用、专项扣除、专项附加扣除和法定的其他扣除。

个体户支付从业人员的合理的工资、薪金支出可以扣除，业主的工资、薪金支出不能扣除。

个体户按照规定为从业人员缴纳的基本养老保险费、基本医疗保险费、失业保险费、生育保险费、工伤保险费和住房公积金可以扣除，为从业人员缴纳的补充养老保险费、补充医疗保险费可以分别在不超过从业人员工资总额的5%以内扣除。

除了个体户按照规定为特殊工种从业人员支付的人身安全保险费和财政部、国家税务总局允许扣除的其他商业保险费以外，个体户业主为本人和从业人员支付的商业保险费都不能扣除。

个体户在生产、经营中发生的合理的不需要资本化的借款费用，可以扣除。

个体户为购置、建造固定资产、无形资产和经过12个月以上的建造才能达到预定可销售状态的存货借款的，在有关资产购置、建造期间发生的合理的借款费用，应当作为资本性支出计入有关资产的成本，并按照国家税务总局的规定扣除。

个体户在生产、经营中发生的下列利息支出可以扣除：向金融企业借款的利息支出；向非金融企业和个人借款的利息支出，不超过按照金融企业同期同类贷款利率计算的数额的部分。

个体户向当地工会组织拨缴的工会经费、发生的职工福利费支出和职工教育经费支出，可以分别在工资总额的2%、14%、2.5%以内扣除。

职工教育经费的发生额超过上述比例，当期不能扣除的数额，可以在以后纳税年度结转扣除。

个体户业主本人向当地工会组织缴纳的工会经费、发生的职工福利费支出和职工教育经费支出，以当地（地级市）上年度社会平均工资的3倍为计算基数，可以在上述比例以内扣除。

个体户发生的与生产、经营有关的业务招待费，可以按照发生额的60%扣除，但是最高不得超过当年销售（营业）收入的5‰。

个体户业主自申请营业执照之日至开始生产、经营之日所发生的业务招待费，可以按照发生额的60%计入个体户的开办费。

个体户本纳税年度发生的与其生产、经营直接相关的广告费和业务宣传费不超过当年销售（营业）收入15%的部分，可以扣除；超过的部分可以在以后纳税年度结转扣除。

个体户代其从业人员和他人负担的税款，不能税前扣除。

个体户按照规定缴纳的摊位费、行政性收费和协会会费等，可以按照发生数额扣除。

个体户根据生产、经营需要租入固定资产支付的租赁费，可以按照下列方法扣除：以经营租赁方式租入固定资产发生的租赁费支出，按照租赁期限均匀扣除；以融资租赁方式租入固定资产发生的租赁费支出，按照规定构成融资租入固定资产价值的部分应当提取折旧，分期扣除。

个体户参加财产保险，按照规定缴纳的保险费，可以扣除。

个体户发生的合理的劳动保护支出，可以扣除。

个体户研究开发新产品、新技术和新工艺发生的开发费用，为研究开发新产品、新技术购置单台价格不足10万元的测试仪器和试验性装置的购置费，可以直接扣除；购置单台价格10万元以上的测试仪器和试验性装置，应当按照固定资产管理。

个体户资产的税务处理，可以参照企业所得税的相关法律、法规执行（参见本书"六、企业所得税"部分的相关内容）。

3. 应纳税额计算。

例：某个体工商户2019年取得经营收入100万元，发生与其经营相关的税金、成本和费用70万元（不包括法定可以扣除的业主的费用），可以按照规定扣除费用6万元，"三险"18000元，专项附加扣除52800元，其上述收入应纳个人所得税税额的计算方法如下：

应纳税所得额 = 1000000 − 700000 − 60000 − 18000 − 52800
= 169200（元）

应纳税额 = 169200 × 20% − 10500
= 23340（元）

个体户从多处取得生产、经营收入的，应当将其从各处取得的收入合并计算缴纳个人所得税。

(八)个人独资企业投资人、合伙企业个人合伙人的生产、经营所得怎样计算缴纳所得税?

个人独资企业投资人、合伙企业个人合伙人(以下简称"个人投资者")来源于中国境内注册的个人独资企业、合伙企业(以下简称"企业")生产、经营的所得,是指企业本纳税年度的收入减除成本、费用、损失以后的余额。

个人独资企业以投资人为纳税人,以本企业的全部生产、经营所得为个人所得税应纳税所得额。

合伙企业以每一个合伙人为纳税人,按照下列原则确定应纳税所得额:以本企业的生产、经营所得和其他所得,按照合伙协议约定的分配比例确定个人所得税应纳税所得额,但是合伙协议不得约定将全部利润分配给部分合伙人;合伙协议没有约定或者约定不明确的,以本企业的生产、经营所得和其他所得,按照合伙人协商决定的分配比例确定个人所得税应纳税所得额;合伙人协商不成的,以本企业的生产、经营所得和其他所得,按照合伙人实缴出资比例确定个人所得税应纳税所得额;无法确定合伙人出资比例的,以本企业的生产、经营所得和其他所得,按照合伙人数量平均计算每个合伙人的个人所得税应纳税所得额。

合伙企业的合伙人中既有自然人,又有法人和其他组织的,应当分别就其所得缴纳所得税,即自然人应当缴纳个人所得税,法人和其他组织应当缴纳企业所得税。

例1:杜某登记成立了一家个人独资企业,本纳税年度取得利润30万元,没有其他扣除,其个人所得税应纳税所得额即为30万元,应当按此计算缴纳其应当缴纳的个人所得税。

例2:张某、王某和李某共同出资,登记成立了一家合伙企业,本纳税年度取得利润60万元,没有其他扣除。按照上述3个人合伙时候签订的协议,经营成果根据各人出资的比例,按照3:2:1的比例在3个人之间分配。据此,张某、王某和李某分别分得利润30万元、20万元和10万元。所以,上述3个人应当分别以30万元、20万元和10万元为本人的个人所得税应纳税所得额,分别计算缴纳本人应当缴纳的个人所得税。

如果张某、王某和李某在合伙的时候没有约定利润分配比例,则应当按照60万元利润和3个人平均计算每个人的个人所得税应纳税所得额,即每人20万元(=60÷3),然后分别计算缴纳本人应当缴纳的个人所得税。

例3:韩某与甲公司共同出资,登记成立了一家合伙企业,本纳税年度取得利润500万元。按照双方合伙的时候签订的协议,经营成果根据各方出资的比例,即2:3的比例在双方之间分配。据此,韩某和甲公司分别分得利润200万元和300万元,韩某没有其他扣除。所以,韩某应当以分得的利润200万元为个人所得税应纳税所得额,计算缴纳个人所得税;甲公司则应当将分得的利润300万元与本公司的其他所得合并,计算缴纳企业所得税。

实行查账征税办法的企业,其生产、经营所得的计算方法与个体户生产、经营所得的计算方法基本相同。

有下列情形之一的,税务机关应当采取核定征收方式征收所得税:企业应当按照规定设置账簿而没有设置账簿的;企业虽然设置账簿,但是账目混乱或者成本资料、收入凭证、费用凭证残缺不全,难以查账的;纳税人发生纳税义务,没有按照规定的期限办理纳税申报,经税务机关责令限期申报逾期仍不申报的。

上述核定征收方式,包括定额征收、核定应税所得率征收和其他合理的征收方式。

应税所得率的规定是:工业、商业、交通运输业,5%~20%;建筑业、房地产开发业,7%~20%;饮食服务业,7%~25%;娱乐业,20%~40%;其他行业,10%~30%(其中律师事务所、会计师事务所、审计师事务所和其他中介机构不能低于25%)。

个人投资者兴办两个以上企业的(包括参与兴办,下同),年度终了时,应当汇总从所有企业取得的应纳税所得额,计算缴纳个人所得税。

企业本纳税年度发生亏损的，可以用本企业下一纳税年度的生产、经营所得弥补；下一纳税年度的生产、经营所得不足弥补的，可以逐年延续弥补，但是最长不得超过 5 年。具体计算方法同企业所得税（参见本书"六、企业所得税"部分的相关内容）。

个人投资者兴办两个以上企业的，企业发生的年度亏损不能跨企业弥补。

企业清算的时候，个人投资者应当在市场监管机构注销登记以前向税务机关结清有关税务事宜。企业的清算所得（指企业清算时的全部资产或者财产的公允价值扣除各项清算费用、损失、负债和以前年度留存的利润以后超过实缴资本的部分）应当视为年度生产、经营所得，由个人投资者依法缴纳个人所得税。

企业由于在纳税年度中间开业、合并、注销和其他原因，导致该纳税年度的实际经营期不足 1 年的，个人投资者的生产、经营所得计算缴纳个人所得税的时候，应当以其实际经营期为 1 个纳税年度。

企业对外投资分回的利息、股息和红利，不并入企业的收入，而应当单独作为投资者取得的利息、股息和红利所得缴纳所得税。以合伙企业名义对外投资分回利息、股息和红利的，应当按照合伙企业投资者计算应纳税所得额的规定确定各个投资者的利息、股息和红利所得，分别计算缴纳所得税。

（九）对企业、事业单位的承包经营、承租经营所得怎样计算缴纳所得税？

对企业、事业单位的承包、承租经营所得，是指个人承包、承租经营和转包、转租取得的所得，包括个人按照经营合同分得的利润和工资、薪金性质的所得。承包人、承租人按照合同（协议）的规定，只向发包方、出租方交纳一定的费用，企业经营成果归承包人、承租人所有的，按照此项目缴纳个人所得税。如果承包人、承租人对企业的经营成果没有所有权，只是按照合同（协议）的规定取得一定的收入，则应当按照工资、薪金所得缴纳个人所得税。

例：承包人程某本纳税年度取得承包经营收入30万元，可以按照规定扣除费用6万元，"三险"18000元，专项附加扣除36000元，其此项收入个人所得应纳税所得额的计算方法如下：

应纳税所得额 = 300000 - 60000 - 18000 - 36000
$$= 186000（元）$$

纳税人在多处取得承包、承租经营收入的，应当将其从各处取得的收入合并计算缴纳个人所得税。

上述承包、承租经营的纳税人，应当按照本纳税年度取得的承包、承租经营所得计算缴纳个人所得税。在一个纳税年度内承包、承租经营不足12个月的，应当以纳税人实际承包、承租经营的月份数为一个纳税年度计算缴纳个人所得税。

（十）利息、股息和红利所得怎样计算缴纳所得税？

利息、股息和红利所得，包括个人拥有债权、股权等取得的利息（包括存款利息、贷款利息和债券利息等），股息，红利，以每次收入额为应纳税所得额，以支付利息、股息和红利时纳税人取得的收入为一次，按照20%的税率计算缴纳个人所得税。

对储蓄存款利息所得开征、减征、停征个人所得税及其具体办法，由国务院规定，并报全国人民代表大会常务委员会备案，目前暂时免税。

目前，个人通过公开发行和转让市场取得中国境内上市公司股票，其股息、红利所得，持股期限超过1个月至1年的，可以暂时减按50%计入应纳税所得额；持股期限超过1年的，可以暂时免征收个人所得税。

应纳税额计算公式：

应纳税额 = 每次收入 × 20%

例：顾某一次从中国境内上市公司取得股息10000元，持股期限10个月，其此项收入应纳个人所得税税额的计算方法如下：

应纳税额 = 10000 × 50% × 20%

= 1000（元）

对个人从基层供销社、农村信用合作社取得的利息（不包括从农村信用合作社取得的储蓄存款利息）、股息和红利征收个人所得税与否，可以由各省、自治区和直辖市人民政府根据当地的实际情况确定。

（十一）财产租赁所得怎样计算缴纳所得税？

财产租赁所得，包括纳税人出租不动产、机器设备、车辆、船舶和其他财产取得的所得，按照纳税人每次取得的收入计算缴纳个人所得税，以纳税人一个月之内取得的收入为一次。每次收入不超过4000元的，减除费用800元；超过4000元的，减除20%的费用；还可以减除某些规定的税金和费用，以其余额为应纳税所得额，税率为20%。

应纳税额计算公式：

应纳税所得额 = 应税项目收入 - 800元（或者应税项目收入 × 20%） - 其他规定扣除项目

应纳税额 = 应纳税所得额 × 20%

在计算财产租赁所得的应纳税所得额的时候，税前扣除的项目和顺序是：财产租赁过程中缴纳的税费（如城市维护建设税、印花税和教育费附加等），向出租方支付的租金，由纳税人负担的修缮费用，税法规定的费用扣除标准。

个人出租房产的个人所得税应税收入不包括增值税，计算房产出租所得的时候可以扣除的税费不包括本次出租缴纳的增值税。个人转租房产的，其向房产出租方支付的租金和增值税可以在计算转租所得的时候扣除。

例：朱某出租自有房屋供他人经商，当月取得租金收入10000元，支付各项税金、教育费附加和修缮费用等共2000元，其此项收入应纳个人所得税税额的计算方法如下：

应纳税所得额 =（10000 - 2000）×（1 - 20%）
          = 6400（元）
应纳税额 = 6400 × 20%
        = 1280（元）

确认财产租赁所得的纳税人，应当以产权凭证为依据。无产权凭证的，由税务机关根据实际情况确定纳税人。产权所有人去世的，在办理产权继承手续以前，由于财产出租取得的租金，以领取租金的个人为纳税人。

（十二）财产转让所得怎样计算缴纳所得税？

财产转让所得，包括个人转让有价证券、股权、合伙企业中的财产份额、不动产、机器设备、车辆、船舶和其他财产取得的所得。在计算缴纳个人所得税的时候，以纳税人转让财产取得的收入减除被转让财产的原值和出售财产的时候按照规定支付的有关税费（如出售住房的时候缴纳的城市维护建设税、教育费附加等）以后的余额为应纳税所得额，按照20%的税率计算应纳税额。

个人转让房产取得的个人所得税应税收入不包括增值税，其取得房产的时候支付价款中的增值税计入财产原值，计算转让所得的时候可以扣除的税费不包括本次转让缴纳的增值税。

对股票转让所得征收个人所得税的办法，由国务院另行规定，并报全国人民代表大会常务委员会备案。

应纳税额计算公式：

应纳税所得额 = 财产转让收入 - 财产原值 - 有关税费

应纳税额 = 应纳税所得额 × 20%

财产原值的确定方法是：有价证券，为买入价和买入的时候按照有关规定交纳的费用；建筑物，为建造费、购进价格和其他有关费用；土地使用权，为取得土地使用权所支付的金额、开发土地的费用和其他有关费用；机器、车辆和船舶，为购进价格、运输费、安装费和其他有关费用；其他财产，参照以上方法确定财产原值。

纳税人没有提供完整、准确的财产原值凭证,不能按照以上方法确定财产原值的,由税务机关核定其财产原值。

例:方某出售原值 100 万元的住房一套,取得收入 200 万元;可以扣除有关税费 10 万元,其此项收入应纳个人所得税税额的计算方法如下:

应纳税所得额 = 200 - 100 - 10
　　　　　　 = 90(万元)
应纳税额 = 90 × 20%
　　　　 = 18(万元)

(十三) 偶然所得怎样计算缴纳所得税?

偶然所得,包括个人得奖、中奖、中彩和其他偶然性质的所得。例如,个人因突出贡献从省以下的市、县人民政府及其所属部门取得的一次性奖励收入,个人购买社会福利彩票、体育彩票一次中奖收入超过 10000 元的,个人取得单张有奖发票奖金所得超过 800 元的。

偶然所得以纳税人每次取得的收入为应纳税所得额,按照 20% 的税率计算应纳个人所得税税额。

应纳税额计算公式:

应纳税额 = 每次收入 × 20%

例:蔡某一次购买福利彩票中奖 20 万元,其此项收入应纳个人所得税税额的计算方法如下:

应纳税额 = 20 × 20%
　　　　 = 4(万元)

(十四) 捐赠所得怎样计算缴纳所得税?

个人将其所得通过中国境内的公益性社会组织、国家机关捐赠教育、扶贫和济困等公益、慈善事业,2019 年至 2020 年期间捐赠住房作为公租房,捐赠额不超过其申报的个人所得税应纳税所得额

30%的部分,可以从上述应纳税所得额中扣除;国务院规定对公益、慈善事业捐赠全额税前扣除的,从其规定。

个人向教育事业、红十字事业、公益性未成年人校外活动场所和福利性、非营利性的老年服务机构捐赠的,向中国红十字会、中国福利会、中国扶贫基金会、中国教育发展基金会、中国医药卫生事业发展基金会、中国老龄事业发展基金会、中国妇女发展基金会、中国儿童少年基金会、中国残疾人福利基金会、中国绿化基金会、中国生物多样性保护基金会、中国光彩事业基金会、中国法律援助基金会、中国关心下一代健康体育基金会、中国煤矿尘肺病治疗基金会、中国华文教育基金会、中华见义勇为基金会、中华健康快车基金会、中华环境保护基金会、中华慈善总会、宋庆龄基金会和孙冶方经济科学基金会捐赠的,可以全额从其申报的个人所得税应纳税所得额中扣除。

例:华某通过民政机关将其销售画作所得10万元捐赠贫困地区用于扶贫,其此项收入应纳个人所得税税额的计算方法如下:

应纳税所得额 = 10 - 10 × 20%
            = 8(万元)
税法允许扣除的捐赠额 = 80000 × 30%
                  = 24000(元)
计税依据 = 80000 - 24000
       = 56000(元)
应纳税额 = 56000 × 20%
       = 11200(元)

(十五)境外所得怎样计算缴纳所得税?

居民个人从中国境内、境外取得的综合所得、经营所得,应当分别合并计算缴纳个人所得税;从中国境内、境外取得的其他所得,应当分别单独计算缴纳个人所得税。

居民个人从中国境外取得的所得,按照该所得来源国家(地区)的法律应当缴纳并且已经缴纳的所得税,可以抵免其按照中国个人所得税法应纳的个人所得税,但是抵免额不能超过其中国境外所得按照中国个人所得税法计算的应纳税额。除了财政部、国家税务总局另有规定以外,来源于中国境外某个国家(地区)的综合所得抵免限额、经营所得抵免限额和其他所得抵免限额之和,为来源于该国家(地区)所得的抵免限额。

居民个人在中国境外某个国家(地区)已经缴纳的个人所得税,少于按照上述规定计算的来源于该国家(地区)所得的抵免限额的,应当在中国缴纳差额部分的税款;超过上述限额的,其超过部分不能抵免本纳税年度的应纳税额,但是可以在以后纳税年度来源于该国家(地区)所得的抵免限额的余额中补扣,补扣期限最长不得超过 5 年。

(十六) 个人所得税的主要免税、减税规定有哪些?

1. 下列项目可以免征个人所得税:

(1) 省级人民政府、国务院部委、中国人民解放军军以上单位和外国组织、国际组织颁发的科学、教育、技术、文化、卫生、体育和环境保护等方面的奖金。

(2) 个人持有中国财政部发行的债券和经国务院批准发行的金融债券取得的利息,教育储蓄存款,财政部门确定的其他专项储蓄存款和储蓄性专项基金存款(目前包括基本养老保险基金、基本医疗保险基金、失业保险基金和住房公积金 4 个项目)利息,2009 年以后年度发行的地方政府债券利息。

(3) 按照国务院的规定发给的政府特殊津贴、院士津贴和国务院规定免纳个人所得税的其他补贴、津贴。

(4) 福利费(指按照规定从企业、事业单位、国家机关和社会团体提留的福利费、工会经费中支付给个人的生活补助费),抚恤金,救济金(指政府民政部门支付给个人的生活困难补助费)。

(5) 保险赔款。

（6）军人的转业费、复员费和退役金。

（7）按照国家统一规定发给干部、职工的安家费、退职费、基本养老金、退休费、离休费和离休生活补助费。

（8）按照中国有关法律规定应当免税的外国驻华使馆、领事馆的外交代表、领事官员和其他人员的所得。

（9）中国政府参加的国际公约、签订的协议中规定免税的所得。

（10）企业、事业单位按照规定缴付的基本养老保险费、基本医疗保险费和失业保险费，个人领（支）取的原来提存的基本养老保险费、基本医疗保险费、失业保险费和住房公积金。

（11）生育妇女按照县级以上人民政府根据国家有关规定制定的生育保险办法，取得的生育津贴、生育医疗费和其他生育保险性质的津贴、补贴。

（12）工伤职工及其近亲属按照国务院发布的《工伤保险条例》取得的工伤保险待遇。

（13）依法宣告破产的企业的职工从本企业取得的一次性安置费。

（14）被拆迁人按照有关城镇房屋拆迁管理办法规定的标准取得的拆迁补偿款。

（15）符合规定的见义勇为基金会和类似组织奖励见义勇为者的奖金、奖品，经过税务机关核准的。

（16）国务院规定的其他免税所得，此项免税规定由国务院报全国人民代表大会常务委员会备案。

2. 下列项目可以暂时免征个人所得税：

（1）在中国境内的储蓄机构取得的储蓄存款利息所得。

（2）证券市场个人投资者取得的证券交易结算资金利息所得。

（3）在上海证券交易所、深圳证券交易所转让从上市公司公开发行和转让市场取得的上市公司股票的所得，转让证券投资基金的所得。

(4)个人购买福利彩票、体育彩票,一次中奖所得不超过1万元的;个人取得单张有奖发票奖金,所得不超过800元的。

(5)个人转让自用5年以上并且是家庭唯一生活用房取得的所得。

(6)个人举报、协查各种违法、犯罪行为获得的奖金。

(7)个人办理代扣代缴税款手续,按照规定取得的手续费。

(8)已经达到离休、退休年龄,由于工作需要而留任的享受政府特殊津贴的专家、学者,在延缓办理离休、退休期间取得的工资、薪金所得。

(9)符合规定的外国专家取得的工资、薪金所得。

有下列情形之一的,可以减征个人所得税,具体幅度和期限由各省、自治区和直辖市人民政府规定,并报同级人民代表大会常务委员会备案:残疾、孤老人员和烈属的所得,因自然灾害遭受重大损失的。

国务院可以规定其他减税情形,报全国人民代表大会常务委员会备案。

此外,依法设立的非营利性研究开发机构和高等学校根据的中国促进科技成果转化法从职务科技成果转化收入中给予科技人员的现金奖励,个人出租住房取得的所得,重点群体创业就业,随军家属、军队转业干部和退役士兵就业,个人与用人单位解除劳动关系以后取得的一次性的补偿收入,等等,可以依法免征或者减征个人所得税。

(十七)个人所得税怎样扣缴?

个人所得税以支付所得的单位、个人为扣缴义务人。扣缴义务人向个人支付应税款项的时候,应当依法预扣或者代扣税款,按时缴库,并专项记载备查。

扣缴义务人应当依法办理全员全额扣缴申报,即在代扣税款的次月15日以内,向税务机关报送其支付所得的所有个人的有关信息、支付所得金额、扣除事项和金额、扣缴税款的金额，其他相关涉税信息资料；并向纳税人提供其个人所得和已经扣缴税款等信息。

实行个人所得税全员全额扣缴申报的应税所得包括工资、薪金所得，劳务报酬所得，稿酬所得，特许权使用费所得，利息、股息和红利所得，财产租赁所得，财产转让所得，偶然所得。

享受子女教育支出、继续教育支出、住房贷款利息、住房租金和赡养老人支出扣除的纳税人，可以自符合条件的时候起向支付其工资、薪金所得的扣缴义务人提供上述扣除的有关信息，由扣缴义务人在预扣预缴税款的时候按照纳税人在本单位本纳税年度可以享受的累计扣除额扣除；也可以在次年3月1日至6月30日期间向汇缴地的税务机关办理汇算清缴申报的时候扣除。

纳税人同时从两处以上取得工资、薪金所得，并由扣缴义务人办理上述专项附加扣除的，同一个扣除项目，在一个纳税年度以内，纳税人只能选择从其中的一处扣除。

享受大病医疗支出扣除的纳税人，应当在纳税年度次年3月1日至6月30日期间自行向汇缴地税务机关办理汇算清缴申报的时候扣除。

纳税人仅取得劳务报酬所得、稿酬所得和特许权使用费所得，需要享受专项附加扣除的，应当在纳税年度次年3月1日至6月30日期间自行向汇缴地税务机关报送有关信息表，并在办理汇算清缴申报的时候扣除。

扣缴义务人向居民个人支付工资、薪金所得，劳务报酬所得，稿酬所得，特许权使用费所得的时候，应当按照下列方法预扣预缴个人所得税。年度预扣预缴税额与年度应纳税额不一致的，由居民个人在次年3月1日至6月30日期间向税务机关办理综合所得年度汇算清缴，多退少补。

扣缴义务人向居民个人支付工资、薪金所得的时候，应当按照累计预扣法计算预扣税款，并按月办理全员全额扣缴申报，预扣预缴方法、计算公式和《个人所得税预扣率表（一）》见表9。

本期应预扣预缴税额 =（累计预扣预缴应纳税所得额 × 预扣率 – 速算扣除数）– 累计减免税额 – 累计已预扣预缴税额

累计预扣预缴应纳税所得额 = 累计收入 – 累计免税收入 – 累计减除费用 – 累计专项扣除 – 累计专项附加扣除 – 累计依法确定的其他扣除

其中，累计减除费用应当按照每月5000元乘以纳税人自当年1月至本月在本单位的任职受雇的月份计算（见表9）。

表9　　　　　　　　个人所得税预扣率表（一）

（居民个人工资、薪金所得预扣预缴适用）

级数	累计预扣预缴应纳税所得额	预扣率（%）	速算扣除数（元）
1	不超过36000元的部分	3	0
2	超过36000元至144000元的部分	10	2520
3	超过144000元至300000元的部分	20	16920
4	超过300000元至420000元的部分	25	31920
5	超过420000元至660000元的部分	30	52920
6	超过660000元至960000元的部分	35	85920
7	超过960000元的部分	45	181920

例1：职员岳某2019年1月、2月每月取得工资40000元；每月可以扣除费用5000元，"三险"、住房公积金和企业年金4000元，子女教育支出1000元，继续教育支出400元，住房贷款利息1000元，赡养老人支出2000元；其上述收入预扣预缴个人所得税税额的计算方法如下：

（1）1月工资应预扣预缴税额：

预扣预缴应纳税所得额 = 40000 – 5000 – 4000 – 1000 – 400 – 1000 – 2000

= 26600（元）

应预扣预缴税额 = 26600 × 3%
         = 798（元）

（2）2月工资应预扣预缴税额：

累计预扣预缴应纳税所得额 = 40000 × 2 − 5000 × 2 − 4000 × 2 − 1000 × 2 − 400 × 2 − 1000 × 2 − 2000 × 2

= 53200（元）

应预扣预缴税额 = 53200 × 10% − 2520 − 798
       = 2002（元）

扣缴义务人向居民个人支付劳务报酬所得、稿酬所得和特许权使用费所得，应当按次或者按月预扣预缴个人所得税，预扣预缴方法、计算公式和《个人所得税预扣率表（二）》见表10。

（1）收入：上述3个征税项目，属于一次性收入的，以取得该项收入为一次；属于同一项目连续性收入的，以一个月以内取得的收入为一次。

（2）计税收入：以收入减除费用以后的余额为计税收入。其中，稿酬所得的计税收入减按70%计算。

（3）减除费用：每次收入不超过4000元的，减除费用800元；超过4000元的，减除费用20%。

（4）应纳税所得额和适用税率：以每次计税收入为预扣预缴应纳税所得额。劳务报酬所得适用20%至40%的3级超额累进预扣率，稿酬所得、特许权使用费所得适用20%的预扣率（见表10）。

劳务报酬所得应预扣预缴税额 = 预扣预缴应纳税所得额 × 预扣率 − 速算扣除数

稿酬所得、特许权使用费所得应预扣预缴税额 = 预扣预缴应纳税所得额 × 20%

表10　　　　　个人所得税预扣率表（二）
（居民个人劳务报酬所得预扣预缴适用）

级数	预扣预缴应纳税所得额	预扣率（%）	速算扣除数（元）
1	不超过20000元的	20	0
2	超过20000元至50000元的部分	30	2000
3	超过50000元的部分	40	7000

例2：演员闫某一次演出取得劳务报酬6万元，其此项收入应预扣预缴个人所得税税额的计算方法如下：

预扣预缴应纳税所得额 = 60000 − 60000 × 20%
　　　　　　　　　　 = 48000（元）
应预扣预缴税额 = 48000 × 30% − 2000
　　　　　　　 = 12400（元）

例3：作家赵某一次取得稿酬5万元，其此项收入应预扣预缴个人所得税税额的计算方法如下：

预扣预缴应纳税所得额 = （50000 − 50000 × 20%）× 70%
　　　　　　　　　　 = 28000（元）
应预扣预缴税额 = 28000 × 20%
　　　　　　　 = 5600（元）

扣缴义务人向非居民个人支付工资、薪金所得，劳务报酬所得，稿酬所得，特许权使用费所得的时候，应当直接依法按月或者按次代扣代缴个人所得税。

扣缴义务人支付利息、股息和红利所得，财产租赁所得，财产转让所得，偶然所得的时候，应当直接依法按次或者按月代扣代缴个人所得税。

（十八）个人所得税怎样申报？

纳税人有下列情形之一的，应当依法办理个人所得税纳税申报：

1. 取得综合所得，需要办理汇算清缴，包括从两处以上取得综合所得，且综合所得年收入额减除专项扣除的余额超过6万元；取得劳务报酬所得、稿酬所得和特许权使用费所得，且综合所得年收入额减除专项扣除的余额超过6万元；本纳税年度预缴税额低于应纳税额；纳税人申请退税。纳税人应当在取得所得的次年3月1日至6月30日期间向任职、受雇单位所在地的税务机关办理纳税申报；没有任职、受雇单位的，应当向其户籍所在地或经常居住地的税务机关办理纳税申报。

2. 取得经营所得，应当在月度或者季度终了以后15日之内向经营管理所在地的税务机关办理预缴纳税申报；在取得所得的次年3月31日以前向经营管理所在地的税务机关办理汇算清缴，报送纳税申报表。

3. 取得应税所得，没有扣缴义务人。

4. 取得应税所得，扣缴义务人没有扣缴税款：居民个人取得综合所得，按照上述关于综合所得的规定办理。非居民个人取得工资、薪金所得，劳务报酬所得，稿酬所得，特许权使用费所得，应当在取得所得的次年6月30日以前向扣缴义务人所在地的税务机关办理纳税申报。纳税人取得利息、股息和红利所得，财产租赁所得，财产转让所得，偶然所得，应当在取得所得的次年6月30日以前向税务机关办理纳税申报。

5. 居民个人从中国境外取得所得，应当在取得所得的次年3月1日至6月30日期间向中国境内任职、受雇单位所在地的税务机关办理纳税申报；在中国境内没有任职、受雇单位的，应当向户籍所在地或者中国境内经常居住地的税务机关办理纳税申报；户籍所在地与中国境内经常居住地不一致的，应当选择其中一地的税务机关办理纳税申报；在中国境内没有户籍的，应当向中国境内经常居住地的税务机关办理纳税申报。

6. 纳税人由于移居中国境外注销中国户籍，应当在申请注销中国户籍以前向户籍所在地的税务机关办理纳税申报，清算税款。

7. 非居民个人在中国境内两处以上取得工资、薪金所得，应当在取得所得的次月 15 日以内向其中一处任职、受雇单位所在地的税务机关办理纳税申报。

8. 国务院规定的其他情形。

（十九）个人所得税的纳税期限是怎样规定的？

居民个人取得综合所得，有扣缴义务人的，由扣缴义务人按月或者按次预扣预缴税款；需要办理汇算清缴的，应当在取得所得的次年 3 月 1 日至 6 月 30 日期间办理汇算清缴。

非居民个人取得工资、薪金所得，劳务报酬所得，稿酬所得，特许权使用费所得，有扣缴义务人的，由扣缴义务人按月或者按次代扣代缴税款，不需要办理汇算清缴。

纳税人取得经营所得，由纳税人在本月或者本季度终了以后 15 日以内向经营管理所在地的税务机关预缴税款，在取得所得的次年 3 月 31 日以前向经营管理所在地的税务机关办理汇算清缴。

纳税人取得利息、股息和红利所得，财产租赁所得，财产转让所得，偶然所得，按月或者按次计算个人所得税，有扣缴义务人的，由扣缴义务人按月或者按次代扣代缴税款。

纳税人取得应税所得没有扣缴义务人的，应当在取得所得的次月 15 日以内向税务机关报送纳税申报表，并缴纳税款。

纳税人取得应税所得，扣缴义务人没有扣缴税款的，纳税人应当在取得所得的次年 6 月 30 日以前缴纳税款；税务机关通知限期缴纳税款的，纳税人应当按照规定的期限缴纳税款。

居民个人从中国境外取得所得的，应当在取得所得的次年 3 月 1 日至 6 月 30 日期间申报纳税。

非居民个人在中国境内两处以上取得工资、薪金所得的，应当在取得所得的次月 15 日以内申报纳税。

纳税人由于移居中国境外注销中国户籍的，应当在注销中国户籍以前办理税款清算。

扣缴义务人每月或者每次预扣、代扣的税款，应当在次月15日以内缴入国库，并向税务机关报送扣缴个人所得税申报表。

纳税人办理汇算清缴退税、扣缴义务人为纳税人办理汇算清缴退税的，税务机关审核以后，应当按照国库管理的有关规定办理退税。

八、土地增值税

(一) 什么是土地增值税?

中国的土地增值税是对转让房地产的增值额征收的一种税收。1993年12月13日,国务院发布《中华人民共和国土地增值税暂行条例》,自1994年1月1日起施行。2011年1月8日,国务院对该条例作了修改。1995年1月27日,财政部发布《中华人民共和国土地增值税暂行条例实施细则》。

土地增值税由税务机关负责征收管理,所得收入归地方政府所有。2017年,土地增值税收入为4911.3亿元,占当年中国税收总额的3.4%。

(二) 土地增值税的纳税人有哪些?

土地增值税的纳税人,包括在中国境内以出售和其他方式有偿转让国有土地使用权,地上建筑物(包括地上、地下的各种附属设施)及其附着物(以下简称"转让房地产")并取得收入的企业、行政单位、事业单位、军事单位、社会团体、其他单位、个体工商户和其他个人。

(三) 土地增值税的计税依据是怎样规定的?

土地增值税以纳税人转让房地产取得的增值额为计税依据。上述增值额为纳税人转让房地产取得的收入减除规定扣除项目金额以后的余额。上述收入包括转让房地产的全部价款和有关经济收益,不包括增值税,形式上包括货币收入、实物收入和其他收入。

上述规定扣除项目包括下列内容:纳税人为取得土地使用权所支付的地价款和按照国家统一规定交纳的有关费用;开发土地和新建房及配套设施的成本;开发土地和新建房及配套设施的费用;经过当地税务机关确认的旧房和建筑物的评估价格;与转让房地产有关的税金(增值税进项税额可以抵扣销项税额的不能扣除),纳税人转让房地产的时候交纳的教育费附加,可以视同税金扣除;从事房地产开发的纳税人可以按照上述第一、二项金额之和加计20%的扣除额。

土地增值税以纳税人房地产成本核算的最基本的核算项目或者核算对象为单位计算。纳税人成片受让土地使用权以后分期分批开发、转让房地产的,其扣除项目金额可以按照转让土地使用权的面积占总面积的比例计算分摊,或者按照建筑面积计算分摊,或者按照税务机关确认的其他方式计算分摊。

(四)土地增值税的税率是怎样规定的?

土地增值税采用4级超率累进税率,详见《土地增值税税率表》(见表11)。

表11　　　　　　　　土地增值税税率表

级数	计税依据	税率(%)
1	增值额不超过扣除项目金额50%的部分	30
2	增值额超过扣除项目金额50%至100%的部分	40
3	增值额超过扣除项目金额100%至200%的部分	50
4	增值额超过扣除项目金额200%的部分	60

(五)土地增值税的应纳税额怎样计算?

在计算土地增值税的应纳税额的时候,应当先用纳税人取得的房地产转让收入减除有关各项扣除项目金额,计算得出增值额。再按照增值额超过扣除项目金额的比例,分别确定增值额中各个部分的适用税率,依此计算各部分增值额的应纳土地增值税税额。各部分增值额应纳土地增值税税额之和,即为纳税人应纳的全部土地增值税税额。

应纳税额计算公式:

应纳税额 = ∑(增值额×适用税率)

例:某企业出售一处房产,售价5000万元,可以扣除的各项成本、费用和有关税金等共计2000万元,该企业上述收入应纳土地增值税税额的计算方法如下:

增值额 = 5000 - 2000
      = 3000(万元)
应纳税额 = 1000×30% + 1000×40% + 1000×50%
       = 1200(万元)

另有一种简便计算方法,公式如下:

1. 增值额未超过扣除项目金额50%的:

应纳税额 = 增值额×30%

2. 增值额超过扣除项目金额50%,未超过100%的:

应纳税额 = 增值额×40% - 扣除项目金额×5%

3. 增值额超过扣除项目金额100%,未超过200%的:

应纳税额 = 增值额×50% - 扣除项目金额×15%

4. 增值额超过扣除项目金额200%的:

应纳税额 = 增值额×60% - 扣除项目金额×35%

仍然以上述出售房产的企业为例:

应纳税额 = 3000×50% - 2000×15%
       = 1200(万元)

(六) 土地增值税的主要免税、减税规定有哪些?

下列项目经过纳税人申请,税务机关审批,可以免征土地增值税:建造普通标准住宅出售,企业、事业单位、社会团体和其他组织转让旧房作为经济适用住房，2019年至2020年期间企业、事业单位、社会团体和其他组织转让旧房作为公租房，增值额不超过规定扣除项目金额20%的；由于城市实施规划、国家建设需要依法征收、收回的房地产；由于城市实施规划、国家建设需要而搬迁，由纳税人自行转让的房地产；个人之间互换自有居住用房地产的。

此外，个人因工作调动或者改善居住条件而转让原自用住房，在原住房居住满5年的，可以免征土地增值税；居住满3年不满5年的，可以减半征税。

下列项目可以暂时免征土地增值税：合作建房，一方出土地，一方出资金，建成后按照比例分房自用的；个人销售住房。

（七）土地增值税的纳税期限、纳税地点是怎样规定的？

纳税人应当自转让房地产合同签订之日起7日以内向房地产所在地的税务机关提交纳税申报表，并提交房屋和建筑物产权、土地使用权证书，土地转让、房产买卖合同，房地产评估报告和其他有关资料，然后按照税务机关核定的税额和规定的期限缴纳土地增值税。

如果纳税人经常发生房地产转让，难以在每次转让以后申报缴纳土地增值税，可以按月或者按转让房地产所在省（自治区、直辖市和计划单列市）税务局规定的期限申报纳税。

纳税人在项目全部竣工结算以前转让房地产取得的收入，由于各种原因无法据实计算土地增值税的，可以按照所在省（自治区、直辖市）税务局的规定预征税款，待项目全部竣工、办理结算以后清算，多退少补，具体办法由各省、自治区和直辖市税务局根据当地的情况制定。除了保障性住房以外，东部地区预征率不能低于2%，中部和东北地区不能低于1.5%，西部地区不能低于1%，各地应当根据不同类型房地产确定适当的预征率。

九、房产税

（一）什么是房产税？

中国的房产税是对房产征收的一种税收。1986年9月15日，国务院发布《中华人民共和国房产税暂行条例》，自当年10月1日起施行。2011年1月8日，国务院对该条例作了修改。该条例的实施细则由各省、自治区和直辖市人民政府自行制定，送财政部备案。

房产税由税务机关负责征收管理，所得收入归地方政府所有，是地方政府税收收入的重要来源之一。2017年，房产税收入为2604.3亿元，占当年中国税收总额的1.8%。

（二）房产税的纳税人有哪些？

房产税在中国境内的城市、县城、建制镇和工矿区征收。企业、行政单位、事业单位、军事单位、社会团体、其他单位、个体工商户和其他个人都应当依法缴纳此税。纳税人包括房屋产权的所有人和房产的经营管理单位、承典人、代管人、使用人。房屋产权属于全民所有的，由经营管理单位纳税；房屋产权出典的，由承典人纳税；房屋产权的所有权人、承典人不在房产所在地的，房屋产权没有确定和房产租典纠纷没有解决的，由房产的代管人或者使用人纳税。西藏自治区暂时没有征收此税。

（三）房产税的计税依据、税率是怎样规定的？

1. 房产税的计税依据分为下列两种：

（1）以房产原值一次减除10%至30%以后的余值为计税依据。具体的减除比例，由各省、自治区和直辖市人民政府根据当地的实际情况规定。例如，北京市、四川省人民政府规定的减除比例均为30%。

按照房产原值征收房产税的房屋，不论是否记载在会计账簿固定资产科目中，都应当按照房屋原价计算缴纳房产税。房屋原价应当根据全国统一的会计制度核算。

无论会计上如何核算，房产原值都应当包含地价，包括为取得土地使用权支付的价款、开发土地发生的成本和费用等。

为了维持和增加房屋的使用功能或者使房屋满足设计要求，凡以房屋为载体，不可随意移动的附属设备和配套设施，如给排水、采暖、消防、中央空调、电气和智能化楼宇设备等，无论在会计核算中是否单独记账与核算，都应当计入房产原值。

没有房产原值作为依据的，由房产所在地税务机关参考同类房产核定。

（2）出租的房产，以房产租金收入为计税依据。计征房产税的租金收入不包括增值税，税务机关核定的计税价格、收入也不包括增值税。

2. 与计税依据相应，房产税的税率也分为下列两种：

（1）按照房产余值计算应纳税额的，适用税率为1.2%。

（2）按照房产租金收入计算应纳税额的，适用税率为12%。

（四）房产税的应纳税额怎样计算？

房产税应纳税额计算公式：

应纳税额 = 计税依据 × 适用税率

例1：某企业的经营用房原值为1000万元，按照当地政府规定允许减除20%以后计税，房产税适用税率为1.2%，该企业的上述房产全年应纳房产税税额的计算方法如下：

应纳税额 =（1000 − 1000 × 20%）× 1.2%

$$= 9.6\ (万元)$$

例2：朱某出租自有房屋供他人经商，年租金收入10万元，房产税适用税率为12%，其此项收入应纳房产税税额的计算方法如下：

$$应纳税额 = 100000 \times 12\%$$
$$= 12000\ (元)$$

（五）房产税的主要免税、减税规定有哪些？

下列房产可以免征房产税：行政单位、军事单位和社会团体自用的房产由财政部门拨付事业经费的单位自用的房产。企业所办的学校、托儿所和幼儿园自用的房产。非营利性医疗机构、疾病控制机构和妇幼保健机构等医疗、卫生机构自用的房产。非营利性科研机构自用的房产。宗教寺庙、公园和名胜古迹自用的房产。个人所有非营业用的房产（国务院批准的征税试点城市除外）。经过有关部门鉴定停止使用的毁损房屋和危险房屋。行政单位、企业、事业单位、社会团体和个人投资兴办的福利性、非营利性老年服务机构自用的房产。公益性未成年人校外活动场所自用的房产。国家机关、军队、人民团体、财政补助事业单位、居民委员会和村民委员会拥有的体育场馆；经费自理事业单位、体育社会团体、体育基金会和体育类民办非企业单位拥有并运营管理的体育场馆，符合规定条件的，用于体育活动的房产。财政部批准免征房产税的其他房产。

在基建工地建造的为工地服务的各种临时性房屋，在施工期间可以免征房产税。房屋大修停用半年以上的，在大修期间可以免征房产税。

铁路运输企业经国务院批准进行股份制改革成立的企业和由中国铁路总公司及其所属铁路运输企业与地方政府、企业、其他投资者共同出资成立的合资铁路运输企业自用的房产，可以暂时免征房产税。

企业、事业单位、社会团体和其他组织按照市场价格向个人出租住房的收入,个人出租住房的收入,可以减按4%的税率征收房产税。

企业拥有并运营管理的大型体育场馆用于体育活动的房产,可以减半征收房产税。

自2019年至2020年,公租房可以免征房产税。

自2019年至2021年,农产品批发市场、农贸市场专门用于经营农产品的房产,可以免征房产税;同时经营其他产品的农产品批发市场、农贸市场使用的房产,可以按照其他产品与农产品交易场地面积的比例确定征免房产税。

纳税人缴纳房产税确有困难的,可以由所在省(自治区、直辖市)人民政府确定,定期减税、免税。

(六)房产税的纳税期限、纳税地点是怎样规定的?

房产税按年计征,分期缴纳。具体纳税期限由各省、自治区和直辖市人民政府根据当地的实际情况确定。目前各地一般规定每个季度缴纳一次或者半年缴纳一次,并在规定的期限以内缴纳。例如,北京市人民政府规定:纳税人全年应当缴纳的房产税分为两次缴纳,纳税期限分别为4月1日至4月15日和10月1日至10月15日。

纳税人自建的房屋,应当自建成的次月起缴纳房产税。

纳税人委托施工企业建设的房屋,应当自办理验收手续的次月起缴纳房产税;纳税人在办理验收手续以前已经使用或者出租、出借的新建房屋,应当依法缴纳房产税。

购置新建商品房,应当自房屋交付使用的次月起缴纳房产税;购置存量房屋,应当自办理房屋权属转移、变更登记手续,房地产权属登记机关签发房屋权属证书的次月起纳税;出租、出借房产,应当自交付出租、出借房产的次月起纳税。

纳税人由于房产的实物或者权利状态变化依法终止房产税纳税

义务的,其应纳房产税的计算应当截止到房产的实物或者权利状态变化的当月月末。

房产税由纳税人向房产所在地的税务机关缴纳。房产不在一地的纳税人,应当按照房产坐落的地点,分别向房产所在地的税务机关缴纳房产税。

十、城镇土地使用税

（一）什么是城镇土地使用税？

中国的城镇土地使用税是对使用的城镇土地征收的一种税收。1988年9月27日，国务院发布《中华人民共和国城镇土地使用税暂行条例》，自当年11月1日起施行。2019年3月2日，国务院第四次修改该条例。该条例的实施办法由各省、自治区和直辖市人民政府自行制定。

城镇土地使用税由税务机关负责征收管理，所得收入归地方政府所有。2017年，城镇土地使用税收入为2360.6亿元，占当年中国税收总额的1.6%。

（二）城镇土地使用税的纳税人有哪些？

城镇土地使用税的纳税人，包括在中国境内的城市、县城、建制镇和工矿区范围以内使用土地的企业、行政单位、事业单位、军事单位、社会团体、其他单位、个体工商户和其他个人。

城市的征税范围包括市区和郊区。县城的征税范围为县人民政府所在地的城镇。建制镇的征税范围由各省、自治区和直辖市税务局提出方案，报经当地省级人民政府批准以后执行，并报国家税务总局备案。工矿区为工商业比较发达，人口比较集中，符合建制镇标准，但是尚未设镇的大中型工矿企业所在地。

应税土地包括规定的征税范围以内属于国家所有和集体所有的土地。

城镇土地使用税一般由土地使用权拥有者缴纳。拥有土地使用权的纳税人不在土地所在地的,由代管人或者实际使用人纳税。土地使用权没有确定或者权属纠纷没有解决的,由实际使用人纳税。土地使用权共有的,由共有各方按照其实际使用土地的面积分别纳税。承租集体所有建设用地的,由直接从集体经济组织承租土地的单位、个人纳税。

(三) 城镇土地使用税的税额标准是怎样规定的?

城镇土地使用税根据不同地区和各地经济发展状况,分别采用不同的等级幅度税额标准,详见《城镇土地使用税税额标准表》(见表12)。

表 12　　　　　　城镇土地使用税税额标准表

地区	税额标准
1. 大城市	每平方米每年1.5元至30元
2. 中等城市	每平方米每年1.2元至24元
3. 小城市	每平方米每年0.9元至18元
4. 县城、建制镇和工矿区	每平方米每年0.6元至12元

各省、自治区和直辖市人民政府可以在上列税额标准表规定的幅度以内,根据市政建设状况、经济繁荣程度等条件,确定所辖地区城镇土地使用税的税额标准幅度。例如,北京市人民政府将本市的土地划分为六个等级,一级土地至六级土地的税额标准为每平方米每年30元、24元、18元、12元、3元和1.5元。贵州省人民政府规定:贵阳市土地的税额标准为每平方米每年3元至30元;遵义市和六盘水市土地的税额标准为每平方米每年2.4元至24元;安顺等6个城市土地的税额标准为每平方米每年1.8元至18元;其他县(市、区),建制镇,工矿区土地的税额标准为每平方米每年1.2元至12元。

市、县人民政府可以根据实际情况将本地区的土地划分为若干等级,在省级人民政府确定的城镇土地使用税税额标准幅度以内,制定相应的适用税额标准,报经省级人民政府批准以后执行。

经过省级人民政府批准,经济落后地区城镇土地使用税的税额标准可以适当降低,但是降低额不得超过法定最低税额标准的30%;经济发达地区城镇土地使用税的税额标准可以适当提高,但是必须报经财政部批准。

(四)城镇土地使用税的应纳税额怎样计算?

城镇土地使用税以纳税人实际占用的土地面积为计税依据,按照适用税额标准计算应纳税额。

应纳税额计算公式:

应纳税额 = 纳税人实际占用的土地面积 × 适用税额标准

例:某企业实际占用的土地面积为1万平方米,当地政府规定的城镇土地使用税适用税额标准为每平方米每年20元,该企业占用上述土地全年应纳城镇土地使用税税额的计算方法如下:

应纳税额 = 10000 × 20
　　　　 = 200000(元)

(五)城镇土地使用税的主要免税规定有哪些?

下列土地可以免征城镇土地使用税:行政单位、军事单位和社会团体自用的土地。由财政部门拨付事业经费的单位自用的土地。企业办的学校、托儿所和幼儿园自用的土地。非营利性医疗机构、疾病控制机构和妇幼保健机构等医疗、卫生机构自用的土地。非营利性科研机构自用的土地。宗教寺庙、公园和名胜古迹自用的土地(不包括其中附设的各类营业单位使用的土地,如在公园里设立的餐馆、茶社等)。市政街道、广场和绿化地带等公共用地。直接用于农业、林业、牧业和渔业的生产用地(不包括农副产品加工场地和生活、办公用地),水利设施及其护管用地。符合规定的能源、交通用地（主要涉及煤炭、电力、铁路、民航和港口等类企业）和其他用地。行政单位、企业、事业单位、社会团体和个人投资兴办的福利性、非营利性老年服务机构自用的土地。公益性未成年人校外活动场所自用的土地。个人出租住房、经济适用住房建设用地。开发商在商品住房项目中配套建造经济适用住房，能够提供相关材料的，可以按照经济适用住房建筑面积占总建筑面积的比例，免征开发商应当缴纳的城镇土地使用税。国家机关、军队、人民团体、财政补助事业单位、居民委员会和村民委员会拥有的体育场馆；经费自理事业单位、体育社会团体、体育基金会和体育类民办非企业单位拥有并运营管理的体育场馆，符合规定条件的，用于体育活动的土地，可以免征城镇土地使用税。企业拥有并运营管理的大型体育场馆用于体育活动的土地，可以减半征收城镇土地使用税。经批准开山填海整治的土地和改造的废弃土地，自使用的月份起，可以免征城镇土地使用税5年至10年。

个人所有的住房和院落用地，免税单位职工家属的宿舍用地，集体、个人举办的学校、医院、托儿所和幼儿园用地，可以由各省、自治区和直辖市税务局根据当地的实际情况决定是否征收城镇土地使用税。

下列土地可以暂时免征城镇土地使用税：石油，天然气（包括页岩气、煤层气）生产建设用地；城市、县城和建制镇以外工矿区之内的消防、防洪排涝、防风和防沙设施用地；各类危险品仓库、厂房所需的防火、防爆和防毒等安全防范用地，经过省级税务局批准的；铁路运输企业经国务院批准进行股份制改革成立的企业，由中国铁路总公司及其所属铁路运输企业与地方政府、企业和其他投资者成立的合资铁路运输企业自用的土地。

在一个纳税年度以内，月平均实际安置残疾人就业人数占本单位在职职工总数的比例达到25%以上且安置残疾人10人以上的单位，可以减征或者免征该纳税年度的城镇土地使用税，具体减免税的比例和管理办法由省级财税主管部门确定。

核电站用地在基本建设期间可以减半征收城镇土地使用税。

自 2019 年至 2020 年，公租房建设期间用地和建成以后占地，可以免征城镇土地使用税。其他住房项目中配套建设公租房，可以按照公租住房建筑面积占总建筑面积的先例免征建设、管理公租房涉及的城镇土地使用税。

自 2019 年至 2021 年，农产品批发市场、农贸市场专门用于经营农产品的土地，可以暂免征收城镇土地使用税；同时经营其他产品的农产品批发市场、农贸市场使用的土地，可以按照其他产品与农产品交易场地面积的比例确定征免城镇土地使用税。

此外，纳税人缴纳城镇土地使用税确有困难，需要定期免税、减税的，由县级以上税务局审批。

（六）城镇土地使用税的纳税期限、纳税地点是怎样规定的？

城镇土地使用税按年计征，分期缴纳。具体纳税期限由各省、自治区和直辖市人民政府根据当地的实际情况确定。目前各地一般规定为每个季度缴纳一次或者半年缴纳一次，每次征期 15 天或者 1 个月。例如，北京市人民政府规定：纳税人全年应当缴纳的城镇土地使用税分为两次缴纳，纳税期限分别为 4 月 1 日至 4 月 15 日和 10 月 1 日至 10 月 15 日。

新征收的耕地，应当自批准征收之日起期满 1 年的时候开始缴纳城镇土地使用税；新征收的非耕地，应当自批准征收的次月起纳税。

购置新建商品房，应当自房屋交付使用的次月起缴纳城镇土地使用税；购置存量房，应当自办理房屋权属转移、变更登记手续，房地产权属登记机关签发房屋权属证书的次月起纳税；出租、出借房产，应当自交付出租、出借房产的次月起纳税。

以出让、转让方式有偿取得土地使用权的，应当由受让方自合同约定交付土地时间的次月起缴纳城镇土地使用税；合同没有约定交付土地时间的，应当由受让方自合同签订的次月起纳税。

纳税人由于土地的实物或者权利状态变化依法终止城镇土地使用税纳税义务的,其应纳城镇土地使用税的计算应当截止到土地的实物或者权利状态变化的当月月末。

城镇土地使用税一般应当向土地所在地的税务机关缴纳。纳税人使用的土地属于不同省(自治区、直辖市)管辖范围的,应当分别向土地所在地的税务机关纳税。在同一省(自治区、直辖市)管辖范围以内,纳税人跨地区使用的土地,由当地省级税务局确定纳税地点。

十一、耕地占用税

(一) 什么是耕地占用税?

中国的耕地占用税是对占用的耕地征收的一种税收。2007年12月1日,国务院公布《中华人民共和国耕地占用税暂行条例》,自2008年1月1日起施行。2008年2月26日,财政部、国家税务总局公布《中华人民共和国耕地占用税暂行条例实施细则》。

耕地占用税由税务机关负责征收管理,所得收入归地方政府所有。2017年,耕地占用税收入为1651.9亿元,占当年中国税收总额的1.1%。

(二) 耕地占用税的纳税人、征税范围是怎样规定的?

耕地占用税的纳税人,包括在中国境内占用耕地建房和从事其他非农业建设的企业、行政单位、事业单位、军事单位、社会团体、其他单位、个体工商户和其他个人。

上述耕地是指用于种植农作物的土地;建房是指建设建筑物、构筑物。占用园地建房和从事其他非农业建设的,视同占用耕地征收耕地占用税。

占用下列农用地建房和从事其他非农业建设的,比照耕地占用税暂行条例的规定征收耕地占用税:林地,包括有林地、灌木林地、疏林地、未成林地、迹地和苗圃等,不包括居民点内部的绿化林木用地,铁路、公路征地范围内的林木用地,河流、沟渠的护堤林用地;牧草地,包括天然牧草地、人工牧草地;农田水利用地,包括农田排灌沟渠和相应附属设施用地;养殖水面,包括人工开挖和天然形成的用于水产养殖的河流、湖泊、水库、坑塘水面和相应附属设施用地;渔业水域滩涂,包括专门用于种植、养殖水生动植物的海水潮浸地带和滩地。

建设直接为农业生产服务的生产设施占用上述农用土地的,农田水利占用耕地的,不征收耕地占用税。

(三)耕地占用税的计税依据、税额标准是怎样规定的?

耕地占用税以纳税人实际占用的耕地面积为计税依据。纳税人实际占用耕地面积的核定,以农用地转用审批文件为主要依据,必要的时候应当实地勘测。

耕地占用税根据不同地区的人均耕地面积和经济发展情况,分别采用不同的幅度税额标准,详见《耕地占用税税额标准表》(见表13)。

表 13　　　　　　　　耕地占用税税额标准表

地区(以县级行政区域为单位)	税额标准
1. 人均耕地不超过 1 亩的地区	每平方米 10 元至 50 元
2. 人均耕地超过 1 亩至 2 亩的地区	每平方米 8 元至 40 元
3. 人均耕地超过 2 亩至 3 亩的地区	每平方米 6 元至 30 元
4. 人均耕地超过 3 亩的地区	每平方米 5 元至 25 元

财政部、国家税务总局根据各地人均耕地面积和经济发展情况,分别确定各省、自治区和直辖市的平均税额标准如下:上海市 45 元,北京市 40 元,天津市 35 元,江苏省、浙江省、福建省和广东省 4 个省 30 元,辽宁省、湖北省和湖南省 3 个省 25 元,河北省、安徽省、江西省、山东省、河南省、重庆市和四川省 7 个省、直辖市 22.5 元,广西壮族自治区、海南省、贵州省、云南省和陕西省 5 个省、自治区 20 元,山西省、吉林省和黑龙江省 3 个省

17.5元，内蒙古自治区、西藏自治区、甘肃省、青海省、宁夏回族自治区和新疆维吾尔自治区6个省、自治区12.5元。

各地的适用税额标准，由各省、自治区和直辖市人民政府根据本地区的情况，在上述税额标准表所列的税额标准幅度以内核定，但是不得低于财政部、国家税务总局规定的本地区的平均税额标准。

县级行政区域的适用税额标准，按照耕地占用税暂行条例及其实施细则和本省（自治区、直辖市）人民政府的规定执行。

经济特区、经济技术开发区和经济发达且人均耕地特别少的地区，适用税额标准可以适当提高，但是提高的部分最高不得超过所在省（自治区、直辖市）人民政府规定的当地适用税额标准的50%。

占用基本农田的，适用税额标准应当在各省、自治区和直辖市人民政府规定的当地适用税额标准，或者经济特区、经济技术开发区和经济发达且人均耕地特别少的地区规定的当地适用税额标准的基础上提高50%。

占用林地、牧草地、农田水利用地、养殖水面、渔业水域滩涂等其他农用地建房和从事非农业建设的，适用税额标准可以适当低于当地占用耕地的适用税额标准，具体适用税额标准按照本省（自治区、直辖市）人民政府的规定执行。

（四）耕地占用税的应纳税额怎样计算？

耕地占用税以纳税人实际占用的耕地面积为计税依据，按照适用税额标准计算应纳税额，一次性缴纳。

应纳税额计算公式：

应纳税额 = 纳税人实际占用的耕地面积 × 适用税额标准

例：某企业占用耕地1万平方米建设厂房，当地政府规定的耕地占用税适用税额标准为每平方米30元，该企业占用上述耕地应纳耕地占用税税额的计算方法如下：

应纳税额 = 10000 × 30

＝300000（元）

（五）耕地占用税的主要免税、减税规定有哪些？

耕地占用税的主要免税、减税规定如下：

1. 下列项目占用耕地，可以免征耕地占用税：军事设施、学校、幼儿园、养老院、医院。

2. 下列项目占用耕地，可以减按每平方米2元的税额标准征收耕地占用税：铁路、公路线路、飞机场跑道、停机坪，港口，航道。

3. 农村居民经批准在户口所在地按照规定标准占用耕地，建设自用住宅，可以按照当地的适用税额标准减半征收耕地占用税。

4. 农村烈士家属、残疾军人、鳏寡孤独和革命老根据地、少数民族聚居区、边远贫困山区生活困难的农村居民，在规定用地标准以内新建住宅缴纳耕地占用税确有困难的，经所在地乡（镇）人民政府审核，报经县级人民政府批准以后，可以免征、减征耕地占用税。

（六）耕地占用税的纳税期限、纳税地点是怎样规定的？

耕地占用税的纳税义务发生时间，经批准占用耕地的，为纳税人收到土地管理部门办理占用农用地手续通知的当日；未经批准占用耕地的，为纳税人实际占用耕地的当日。

纳税人占用耕地，应当在被占用耕地所在地申报缴纳耕地占用税。

土地管理部门在通知有关单位、个人办理占用耕地手续的时候，应当同时通知被占用耕地所在地的同级税务机关。获准占用耕地的单位、个人应当自收到土地管理部门发出的上述通知之日起30日以内向税务机关缴纳耕地占用税，土地管理部门凭税务机关开具的耕地占用税完税凭证或者免税凭证和其他有关文件发放建设用地批准书。

（七）耕地占用税有什么新规定？

2018年12月29日，第十三届全国人民代表大会常务委员会第七次会议通过《中华人民共和国耕地占用税法》，当日公布，自2019年9月1日起施行，2007年12月1日国务院公布的《中华人民共和国耕地占用税暂行条例》同时废止。

1. 纳税人。耕地占用税的纳税人，包括在中国境内占用耕地建设建筑物、构筑物和从事非农业建设的单位和个人。

2. 计税依据、税额标准和计税方法。耕地占用税根据不同地区的人均耕地面积和经济发展情况，分别采用不同的幅度税额标准，详见《耕地占用税税额标准表》（见表14）。

表14　　　　　　　　耕地占用税税额标准表

地区	税额标准
1. 人均耕地面积不超过1亩的地区	每平方米10元至50元
2. 人均耕地面积超过1亩至2亩的地区	每平方米8元至40元
3. 人均耕地面积超过2亩至3亩的地区	每平方米6元至30元
4. 人均耕地面积超过3亩的地区	每平方米5元至25元

各地的适用税额标准，由各省、自治区和直辖市人民政府根据本地区的情况，在上述税额标准表所列的税额标准幅度以内提出，报同级人民代表大会常务委员会决定，并报全国人民代表大会常务委员会和国务院备案。各省、自治区、直辖市耕地占用税适用税额标准的平均水平，不得低于耕地占用税法中各省、自治区和直辖市耕地占用税平均税额表规定的平均税额标准（见表15）。

表15　各省、自治区和直辖市耕地占用税平均税额标准表

地区	平均税额标准
1. 上海市	每平方米45元
2. 北京市	每平方米40元
3. 天津市	每平方米35元
4. 江苏省、浙江省、福建省、广东省	每平方米30元
5. 辽宁省、湖北省、湖南省	每平方米25元
6. 河北省、安徽省、江西省、山东省、河南省、重庆市、四川省	每平方米22.5元
7. 广西壮族自治区、海南省、贵州省、云南省、陕西省	每平方米20元
8. 山西省、吉林省、黑龙江省	每平方米17.5元
9. 内蒙古自治区、西藏自治区、甘肃省、青海省、宁夏回族自治区、新疆维吾尔自治区	每平方米12.5元

在人均耕地面积低于0.5亩的地区，省、自治区和直辖市可以根据当地的经济发展情况，适当提高耕地占用税的适用税额标准，但是提高的部分不得超过依法确定的适用税额标准的50%。

占用基本农田的，应当按照依法确定的当地适用税额标准加按150%征收。

占用园地、林地、草地、农田水利用地、养殖水面、渔业水域滩涂和其他农用地建设建筑物、构筑物和从事非农业建设的，适用税额标准可以适当低于本地区依法确定的适用税额标准，但是降低的部分不得超过50%。具体适用税额标准由省、自治区和直辖市人民政府提出，报同级人民代表大会常务委员会决定，并报全国人民代表大会常务委员会和国务院备案。

耕地占用税以纳税人实际占用的耕地面积为计税依据，按照规

定的适用税额标准计算应纳税额，一次性征收。

应纳税额计算公式：

应纳税额 = 纳税人实际占用的耕地面积 × 适用税额标准

3. 免税、减税。军事设施、学校、幼儿园、社会福利机构和医疗机构占用耕地，可以免征耕地占用税。

铁路、公路线路，飞机场跑道、停机坪，港口，航道，水利工程占用耕地，可以减按每平方米2元的税额标准征收耕地占用税。

农村居民在规定用地标准以内占用耕地新建自用住宅，可以按照当地适用税额标准减半征收耕地占用税。其中，农村居民经批准搬迁，新建自用住宅占用耕地不超过原宅基地面积的部分，可以免征耕地占用税。

农村烈士遗属、因公牺牲军人遗属、残疾军人和符合农村最低生活保障条件的农村居民在规定用地标准以内占用耕地新建自用住宅，可以免征耕地占用税。

根据国民经济和社会发展的需要，国务院可以规定免征、减征耕地占用税的其他情形，报全国人民代表大会常务委员会备案。

4. 纳税期限、纳税地点。耕地占用税的纳税义务发生时间为纳税人收到自然资源主管部门办理占用耕地手续的书面通知的当日。纳税人应当自纳税义务发生之日起30日以内申报缴纳耕地占用税。

自然资源主管部门凭耕地占用税完税凭证、免税凭证和其他有关文件发放建设用地批准书。

纳税人因建设项目施工、地质勘查临时占用耕地，应当依法缴纳耕地占用税。纳税人在批准临时占用耕地期满之日起1年以内依法复垦，恢复种植条件的，可以全额退还已经缴纳的耕地占用税。

十二、契税

（一）什么是契税？

中国的契税是对被转移的土地、房屋权属征收的一种税收。1997年7月7日，国务院发布《中华人民共和国契税暂行条例》，自当年10月1日起施行。2019年3月2日，国务院对该条例作了修改。1997年10月28日，财政部发布《中华人民共和国契税暂行条例细则》。

契税由税务机关负责征收管理，所得收入归地方政府所有，是地方政府税收收入的重要来源之一。2017年，契税收入为4910.4亿元，占当年中国税收总额的3.4%。

（二）契税的纳税人有哪些？

契税的纳税人，包括在中国境内转移土地、房屋权属时承受被转移土地、房屋权属的企业、行政单位、事业单位、军事单位、社会团体、其他单位、个体工商户和其他个人。西藏自治区暂时没有征收此税。

以招标、拍卖和挂牌方式出让国有土地使用权的，纳税人为最终与土地管理部门签订出让合同的国有土地使用权承受人。

上述转移土地、房屋权属，包括下列行为：国有土地使用权出让；土地使用权转让（包括出售、赠予和交换，不包括农村集体土地承包经营权的转移）；房屋买卖、赠予和交换。

以下列方式转移土地、房屋权属的,视同土地使用权转让、房屋买卖和房屋赠予,也应当征收契税:以土地、房屋权属作价投资、入股,以土地、房屋权属抵偿债务,以获奖方式承受土地、房屋权属,以预购方式、预付集资建房款方式承受土地、房屋权属。

上述承受是指以受让、购买、受赠和交换等方式取得土地、房屋权属的行为。

土地使用权交换、房屋交换、土地使用权与房屋交换,交换价格不相等的,应当由多交付货币、实物、无形资产和其他经济利益的一方缴纳契税。交换价格相等的,可以免征契税。

(三) 契税的计税依据是怎样规定的?

契税的计税依据主要分为下列三种情况:

1. 国有土地使用权出让、土地使用权出售和房屋买卖,计税依据为成交价格(指土地、房屋权属转移合同确定的价格,包括承受者应当支付的货币、实物、无形资产和其他经济利益)。

(1) 出让国有土地使用权的,计税依据为承受人为取得该土地使用权而支付的全部经济利益。

以协议方式出让国有土地使用权的,计税依据为成交价格,其中包括土地出让金、土地补偿费、安置补助费、地上附着物和青苗补偿费、拆迁补偿费、市政建设配套费等承受者应当支付的货币、实物、无形资产和其他经济利益。

没有成交价格或者成交价格明显偏低的,税务机关可以依次按照下列两种价格确定:一是评估价格,即由政府批准设立的房地产评估机构根据相同地段、同类房地产综合评定,并经当地税务机关确认的价格;二是土地基准地价,即由县以上人民政府公示的土地基准地价。

以竞价方式出让国有土地使用权的,计税依据一般应当确定为竞价的成交价格,其中包括土地出让金、市政建设配套费和各种补偿费用。

（2）先以划拨方式取得国有土地使用权，后经批准改为以出让方式取得该土地使用权的，计税依据为应当补缴的土地出让金和其他出让费用。

（3）纳税人因改变土地用途而签订土地使用权出让合同变更协议或者重新签订土地使用权出让合同的，计税依据为因改变土地用途应当补缴的土地收益金和政府的其他费用。

（4）土地使用者将土地使用权和所附建筑物、构筑物转让他人的，以转让的总价款为计税依据。

2. 土地使用权赠予、房屋赠予，计税依据由税务机关参照土地使用权出售、房屋买卖的市场价格核定。

3. 土地使用权交换、房屋交换，计税依据为所交换的土地使用权、房屋的价格的差额。

除了以协议方式出让国有土地使用权以外，上述成交价格明显低于市场价格并且无正当理由的，或者所交换土地使用权、房屋的价格的差额明显不合理并且无正当理由的，由税务机关参照市场价格核定。

计征契税的成交价格、税务机关核定的计税价格，都不包括增值税。

（四）契税的税率是多少？应纳税额怎样计算？

契税采用3%~5%的幅度比例税率。各省、自治区和直辖市的适用税率，由当地省级人民政府根据本地区的实际情况，在上述规定的幅度以内确定，并报财政部、国家税务总局备案，详见《各省、自治区和直辖市契税税率表》（见表16）。

表16　　各省、自治区和直辖市契税税率表

地区	税率和相关规定
1. 北京市	3%
2. 天津市	3%

续表

地区	税率和相关规定
3. 河北省	4%；个人购买自用普通住房的，税率为3%
4. 山西省	4%；个人按市场价格购买自用普通住房的，税率为3%，并减半征收
5. 内蒙古自治区	3%
6. 辽宁省	4%；个人购买普通住房的，暂减按3%征收
7. 吉林省	5%；个人购买住房的，税率为3%
8. 黑龙江省	5%；个人购买住房的，税率为3%
9. 上海市	3%
10. 江苏省	4%
11. 浙江省	3%
12. 安徽省	4%
13. 福建省	3%
14. 江西省	以购买、赠予等形式取得住房，税率为3%；其他情形的房屋、土地权属转移，税率为4%
15. 山东省	国有土地使用权出让，税率为4%；其他转移土地、房屋权属行为，税率为3%
16. 河南省	4%
17. 湖北省	4%
18. 湖南省	4%
19. 广东省	3%
20. 广西壮族自治区	3%
21. 海南省	3%
22. 重庆市	3%
23. 四川省	4%；经省财政厅、税务局批准，可以下浮到3%

续表

地区	税率和相关规定
24. 贵州省	3%
25. 云南省	3%
26. 西藏自治区	暂未开征
27. 陕西省	3%
28. 甘肃省	3%
29. 青海省	3%
30. 宁夏回族自治区	3%
31. 新疆维吾尔自治区	3%

应纳税额计算公式：

应纳税额 = 计税依据 × 适用税率

例1：某企业购买一块土地的使用权用于建设厂房，成交价格为8000万元，当地政府规定的契税适用税率为3%，该企业购买上述土地使用权应纳契税税额的计算方法如下：

应纳税额 = 8000 × 3%
　　　　 = 240（万元）

例2：张某与李某交换房屋，张某向李某支付价差20万元，当地政府规定的契税适用税率为5%，张某为此应纳契税税额的计算方法如下：

应纳税额 = 20 × 5%
　　　　 = 1（万元）

（五）契税的主要免税、减税规定有哪些？

契税的主要免税、减税规定如下：

1. 行政单位、事业单位、军事单位和社会团体承受土地、房屋，用于办公、教学、医疗、科研和军事设施的；企业、事业单位、社会团体、其他社会组织和公民个人经过有关主管部门批准,利用非财政性教育经费面向社会举办的教育机构,承受土地、房屋用于教学的;城镇职工经过县级以上人民政府批准,在国家规定的标准面积以内第一次购买公有住房的;市、县级人民政府依法征收居民房屋,居民因此选择货币补偿重新购置房屋,并且购房成交价格不超过货币补偿的;居民选择房屋产权调换,并且不缴纳房屋产权调换差价的;经济适用住房经营管理单位回购经济适用住房继续作为经济适用住房的;承受荒山、荒沟、荒丘和荒滩土地使用权,用于农业、林业、牧业和渔业生产的;个体工商户的经营者将其个人名下的房屋、土地权属转移至个体工商户名下,或者个体工商户将其名下的房屋、土地权属转回原经营者个人名下;合伙企业的合伙人将其名下的房屋、土地权属转移至合伙企业名下,或者合伙企业将其名下的房屋、土地权属转回原合伙人名下;按照中国有关法律和中国缔结、参加的国际条约、协定的规定应当免税的外国驻华使馆、领事馆、联合国驻华机构,外交代表、领事官员和其他人员,在中国境内承受土地、房屋权属的,经过外交部确认的,可以免税。

2. 个人购买家庭唯一住房,面积90平方米以下的,可以减按1%的税率征税;超过90平方米的,可以减按1.5%的税率征税。除了北京市、上海市、广州市和深圳市4个市以外,个人购买家庭第二套改善性住房,面积90平方米以下的,可以减按1%的税率征税;超过90平方米的,可以减按2%的税率征税。个人购买经济适用房,可以在法定税率基础上减半征税。个人因不可抗力灭失住房而重新购买住房的,可以酌情减税、免税。

3. 土地、房屋被县级以上人民政府征用、占用以后,重新承受土地、房屋权属的,是否可以免税、减税,由各省、自治区和直辖市人民政府确定。

4. 企业、事业单位改制重组,包括企业、事业单位改制,公司合并、分立,企业破产,资产划转,债权转股权,可以按照规定免税、减税。

（六）契税的纳税期限、纳税地点是怎样规定的？

契税的纳税义务发生时间，为纳税人签订土地、房屋权属转移合同的当天，或者纳税人取得其他具有土地、房屋权属转移合同性质的凭证（如契约、协议、合约、单据和确认书等）的当天。

纳税人应当自纳税义务发生之日起10日以内向土地、房屋所在地的税务机关办理纳税申报，并在该机关核定的期限以内缴纳契税。交易双方已经签订房屋买卖合同而最终未能成交的，办理期房退房手续以后可以退还已经缴纳的契税。

纳税人应当持契税完税或者免税、减税凭证和其他规定的文件、材料，依法向土地、房产管理部门办理有关土地、房屋权属变更登记手续。

符合免征、减征契税规定的纳税人，应当自签订土地、房屋权属转移合同之日起10日以内向土地、房屋所在地的税务机关申请办理有关免税、减税手续。计税金额在1亿元以上的，由省级税务局办理免税、减税手续。

契税的计税金额在1亿元以上的免税、减税，当地税务机关应当自办理免税、减税手续完毕之日起30日以内报国家税务总局备案。计税金额不足1亿元的契税的减免，备案办法由省级税务局制定。

经过批准免征、减征契税的纳税人改变有关土地、房屋的用途，不再属于规定的免税、减税范围的，应当补缴已经免征、减征的契税税款，其纳税义务发生时间为改变有关土地、房屋权属的当天。

十三、资源税

(一) 什么是资源税?

中国的资源税是对自然资源征收的一种税收。1993年12月25日,国务院发布《中华人民共和国资源税暂行条例》,自1994年1月1日起施行。2011年9月30日,国务院对该条例作了修改,当日公布,自当年11月1日起施行。1993年12月30日,财政部发布《中华人民共和国资源税暂行条例实施细则》;2011年10月28日,财政部、国家税务总局对该细则作了修改。2016年5月9日,根据中共中央、国务院的部署,财政部、国家税务总局发出《关于全面推进资源税改革的通知》,自当年7月1日起施行。

资源税由税务机关负责征收管理,所得收入由中央政府与地方政府共享。2017年,资源税收入为1353.3亿元,占当年中国税收总额的0.9%。

(二) 资源税的纳税人有哪些?

资源税的纳税人,包括在中国领域和管辖海域开采应税矿产品和生产盐的企业、行政单位、事业单位、军事单位、社会团体、其他单位、个体工商户和其他个人。

独立矿山、联合企业和其他收购未税矿产品的单位,为资源税的扣缴义务人。

目前,中国的资源税收入主要来自从事煤炭、原油、天然气、铁矿石、石灰石和砂石等矿产资源开采的国有企业、私营企业、股份制企业、外商投资企业和个体经营者。

（三）资源税的税目、税率（税额标准）是怎样规定的？

资源税根据不同的应税产品及其资源情况，分别采用差别幅度税率（税额标准），详见《资源税税目、税率（税额标准）表》（见表17）。

表17　　　资源税税目、税率（税额标准）表

税目	征税对象	税率（税额标准）
1. 稀土矿 （1）轻稀土矿（包括氟碳铈矿、独居石矿） （2）中重稀土矿（包括磷钇矿、离子型稀土矿）	内蒙古自治区境内的原矿和精矿 四川省境内的原矿和精矿 山东省境内的原矿和精矿 原矿和精矿	11.5% 9.5% 7.5% 27%
2. 钨矿石	原矿和精矿	6.5%
3. 钼矿石	原矿和精矿	11%
4. 铁矿	精矿	1%~6%
5. 金矿	金锭	1%~4%
6. 铜矿	精矿	2%~8%
7. 铝土矿	原矿	3%~9%
8. 铅锌矿	精矿	2%~6%
9. 镍矿	精矿	2%~6%
10. 锡矿	精矿	2%~6%
11. 未列举名称的其他金属矿产品	原矿或精矿	不超过20%
12. 原油	开采的天然原油	6%
13. 天然气	专门开采的天然气和与原油同时开采的天然气	6%

续表

税目	征税对象	税率（税额标准）
14. 煤炭	原煤和以未税原煤加工的洗选煤	2%~10%
15. 石墨	精矿	3%~10%
16. 硅藻土	精矿	1%~6%
17. 高岭土	原矿	1%~6%
18. 萤石	精矿	1%~6%
19. 石灰石	原矿	1%~6%
20. 硫铁矿	精矿	1%~6%
21. 磷矿	原矿	3%~8%
22. 氯化钾	精矿	3%~8%
23. 硫酸钾	精矿	6%~12%
24. 井矿盐	氯化钠初级产品	1%~6%
25. 湖盐	氯化钠初级产品	1%~6%
26. 提取地下卤水晒制的盐	氯化钠初级产品	3%~15%
27. 煤层（成）气	原矿	1%~2%
28. 黏土、砂石	原矿	每吨或每立方米0.1元至5元
29. 未列举名称的其他非金属矿产品	原矿或精矿	从量税额标准每吨或每立方米不超过30元，从价税率不超过20%
30. 海盐	氯化钠初级产品	1%~5%

注：

1. 铝土矿包括耐火级矾土、研磨级矾土等高铝黏土。

2. 氯化钠初级产品是指井矿盐、湖盐原盐、提取地下卤水晒制的盐和海盐原盐，包括固体和液体形态的初级产品。

3. 海盐是指海水晒制的盐,不包括提取地下卤水晒制的盐。

4. 未列举名称的其他非金属矿产品,按照从价计征为主、从量计征为辅的原则,由各地省级人民政府确定计征方式。

5. 水资源税正在北京市、河北省、天津市、山西省、内蒙古自治区、山东省、河南省、四川省、陕西省和宁夏回族自治区10个省、自治区和直辖市试点。

6. 各省、自治区和直辖市人民政府可以根据当地森林、草场和滩涂等资源开发利用的情况,提出征收资源税的建议,报国务院批准以后实施。

煤炭的具体适用税率由省级财税部门在规定的幅度以内,根据有关因素提出建议,报省级人民政府拟定。省级人民政府需要将拟定的适用税率在公布以前报财政部、国家税务总局审批。省级人民政府可以在不突破财政部、国家税务总局批复税率上限的范围以内,根据当地煤炭资源禀赋、企业负担变化等情况,统筹确定分煤种、分地区差别化税率。跨省煤田的适用税率由财政部、国家税务总局确定。

原油、天然气、煤炭、稀土、钨和钼以外的资源品目,由各地省级人民政府在规定的税率(税额标准)幅度以内提出具体适用税率(税额标准)的建议,报财政部、国家税务总局核准。

未列举名称的其他金属和非金属矿产品,由各地省级人民政府根据当地的实际情况确定具体税目和适用税率(税额标准),报财政部、国家税务总局备案。一个矿种原则上设定一档税率,少数资源条件差异比较大的矿种可以按照不同资源条件、不同地区设定两档税率。

(四) 资源税的应纳税额怎样计算?

资源税根据不同的应税产品,分别采用从价计征和从量计征两种方法计算应纳税额:第一种方法以应税产品的销售额为计税依据,按照适用税率计税;第二种方法以应税产品的销售数量为计税依据,按照适用税额标准计税。

应纳税额计算公式：

1. 应纳税额 = 应税产品销售额 × 适用税率

上述公式中的销售额，包括纳税人销售应税产品向购买方收取的全部价款和价外费用，但是不包括收取的增值税销项税额和运杂费用。

2. 应纳税额 = 应税产品销售数量 × 适用税额标准

上述公式中的销售数量，包括纳税人开采、生产应税产品的实际销售数量和视同销售的自用数量。

例1：某石油开采企业取得原油销售收入5000万元，资源税适用税率为6%，该企业此项收入应纳资源税税额的计算方法如下：

应纳税额 = 5000 × 6%
= 300（万元）

例2：某砂石开采企业销售砂石1万吨，资源税适用税额标准为每吨1元，该企业销售上述砂石应纳资源税税额的计算方法如下：

应纳税额 = 1 × 1
= 1（万元）

独立矿山、联合企业收购未税资源税应税产品的单位，应当按照本单位应税产品的适用税率（税额标准）和收购应税产品的金额（数量）代扣代缴资源税。其他收购单位收购的未税资源税应税产品，应当按照税务机关核定的应税产品适用税率（税额标准）和收购应税产品的金额（数量）代扣代缴资源税。上述收购金额（数量）的确定，比照销售额（销售数量）的规定执行。

（五）资源税的主要免税、减税规定有哪些？

资源税的主要免税、减税规定如下：

1. 开采原油过程中用于加热、修井的原油，油田范围内运输稠油过程中用于加热的原油、天然气，可以免税。

2. 纳税人在开采、生产应税产品过程中由于意外事故、自然灾害等原因遭受重大损失的，可以由所在省（自治区、直辖市）人民政府酌情给予免税、减税的照顾。

3. 冶金独立矿山、联合企业矿山生产的铁矿石，资源税可以减征60%。稠油、高凝油和高含硫天然气，资源税可以减征40%；三次采油、深水油气田，资源税可以减征30%；低丰度油气田，资源税可以暂减征20%。充填开采置换出来的煤炭，资源税可以减征50%；衰竭期煤矿开采的煤炭，资源税可以减征30%。依法在建筑物、铁路和水体下采用充填开采方式采出的矿产资源，资源税可以减征50%；实际开采年限15年以上的衰竭期矿山开采的矿产资源，资源税可以减征30%；上述矿产资源不包括原油、天然气、煤炭、稀土、钨和钼。

4. 鼓励利用的低品位矿、废石、尾矿、废渣、废水和废气等提取的矿产品，由各地省级人民政府根据实际情况确定是否减税或者免税，并制定具体办法。

为了促进共伴生矿的综合利用，纳税人开采销售共伴生矿，共伴生矿与主矿产品销售额分开核算的，共伴生矿暂征收征资源税；没有分开核算的，共伴生矿按照主矿产品的税目和适用税率（税额标准）征收资源税，财政部、国家税务总局另有规定的除外。

（六）资源税的纳税义务发生时间是怎样规定的？

纳税人销售应税产品的资源税纳税义务发生时间，根据其结算方式的不同分为下列三种情况：采取分期收款结算方式的，为销售合同规定的收款日期的当日；采取预收货款结算方式的，为发出应税产品的当日；采取其他结算方式的，为收讫销售款或者取得索取销售款凭据的当日。

纳税人自产自用应税产品的资源税纳税义务发生时间，为移送使用应税产品的当日。

扣缴义务人代扣代缴资源税税款义务发生时间，为支付首笔货款或者首次开具应支付货款凭据的当日。

(七) 资源税的纳税期限是怎样规定的?

资源税的纳税期限,由税务机关根据实际情况分别核定为1日、3日、5日、10日、15日和1个月。纳税人不能按照固定期限计算纳税的,可以按次计算纳税。

纳税人以1个月为一期缴纳资源税的,应当自期满之日起10日以内申报纳税;以1日、3日、5日、10日和15日为一期纳税的,应当自期满之日起5日以内预缴税款,于次月1日起10日以内申报纳税,并结清上月税款。

扣缴义务人的解缴资源税税款期限,比照上述规定执行。

(八) 资源税的纳税地点是怎样规定的?

纳税人应纳的资源税,应当向应税产品的开采、生产所在地的税务机关缴纳。

纳税人在本省(自治区、直辖市)范围以内开采、生产应税产品,其资源税纳税地点需要调整的,由本省(自治区、直辖市)税务局根据当地的实际情况决定。

跨省(自治区、直辖市)开采、生产应税产品的纳税人,其下属生产单位与核算单位不在同一省(自治区、直辖市)的,应当在应税产品的开采、生产地缴纳资源税。从量计征的应税产品,其应纳税款一律由独立核算的单位按照每个开采地、生产地的销售量和适用税率计算划拨;从价计征的应税产品,其应纳税款一律由独立核算的单位按照每个开采地、生产地的销售额和适用税率计算划拨。

扣缴义务人代扣代缴的资源税,应当向收购地的税务机关缴纳。

十四、车船税

（一）什么是车船税？

中国的车船税是对车辆、船舶（以下简称"车船"）征收的一种税收。2011年2月25日，第十一届全国人民代表大会常务委员会第十九次会议通过《中华人民共和国车船税法》，当日公布，自2012年1月1日起施行；2019年4月23日，第十三届全国人民代表大会常务委员会第十次会议对该法作了修正，当日公布，自当日起施行。2011年12月5日，国务院公布《中华人民共和国车船税法实施条例》。2019年3月2日，国务院对该条例作了修改。

车船税由税务机关负责征收管理，所得收入归地方政府所有。2017年，车船税收入为773.6亿元，占当年中国税收总额的0.5%。

（二）车船税的纳税人、扣缴义务人有哪些？

车船税的纳税人为中国境内应税车船的所有人或者管理人。

从事机动车第三者责任强制保险业务的保险机构为机动车车船税的扣缴义务人，应当在收取保险费的时候依法代收车船税。

上述车船包括依法应当在车船登记管理部门登记的机动车船和依法不需要在车船登记管理部门登记的在单位内部场所行驶或者作业的机动车船。

（三）车船税的税目、税额标准是怎样规定的？

车辆的计税单位分别为每辆、整备质量每吨，机动船舶的计税单位为净吨位每吨,游艇的计税单位为艇身长度每米,分别采用幅度税额标准和分级税额标准,详见《车船税税目、税额标准表》(见表18)。

表18　　　　　　　车船税税目、税额标准表

1.乘用车(按发动机气缸容量即排气量分档)	(1)不超过1.0升的	每辆	每年60元至360元	核定载客人数不超过9人
	(2)超过1.0升至1.6升的		每年300元至540元	
	(3)超过1.6升至2.0升的		每年360元至660元	
	(4)超过2.0升至2.5升的		每年660元至1200元	
	(5)超过2.5升至3.0升的		每年1200元至2400元	
	(6)超过3.0升至4.0升的		每年2400元至3600元	
	(7)超过4.0升的		每年3600元至5400元	
2.商用车	(1)客车	每辆	每年480元至1440元	核定载客人数超过9人,包括电车
	(2)货车	整备质量每吨	每年16元至120元	包括半挂牵引车、三轮汽车、低速载货汽车和客货两用车(多用途货车)等
3.挂车		整备质量每吨	按货车税额标准的50%计算	

续表

4.其他车辆	（1）专用作业车	整备质量每吨	每年16元至120元	不包括拖拉机。
	（2）轮式专用机械车		每年16元至120元	
5.摩托车		每辆	每年36元至180元	
6.船舶	（1）机动船舶	净吨位每吨	不超过200吨的，每年每吨3元 超过200吨至2000吨的，每年每吨4元 超过2000吨至10000吨的，每年每吨5元 超过10000吨的，每年每吨6元	拖船、非机动驳船的适用税额标准按相同净吨位机动船舶适用税额标准的50%计算，拖船的净吨位按发动机功率1千瓦折合0.67吨计算
	（2）游艇	艇身长度每米	每年600元至2000元	

车辆的具体适用税额标准由各省、自治区和直辖市人民政府按照上表规定的税额标准幅度和国务院的规定确定，并报国务院备案。确定车辆的具体适用税额标准的原则是：乘用车按照排气量从小到大递增税额标准；客车按照核定载客人数19人以下和20人以上两档划分，递增税额标准。例如，北京市人民政府规定：发动机气缸容量不超过1.0升的乘用车的税额标准为每年300元，发动机气缸容量超过4.0升的乘用车的税额标准为每年5280元；核定载客人数不足20人的中型客车的税额标准为每年960元，核定载客人数20人以上的大型客车的税额标准为每年1140元；货车的税额

标准为整备质量每吨每年96元。

应纳税车船的排气量、整备质量、核定载客人数、净吨位、艇身长度和发动机功率,以车船登记管理部门核发的车船登记证书或者行驶证所载数据为准。依法不需要登记的车船,依法应当登记而没有办理登记车船,不能提供车船登记证书或者行驶证的车船,以车船出厂合格证明或者进口凭证标注的技术参数、数据为准。不能提供车船出厂合格证明或者进口凭证的,由税务机关参照国家相关标准核定;没有国家相关标准的,参照同类车船核定。

(四) 车船税的应纳税额怎样计算?

车船税以应纳税车辆的数量或者整备质量和应纳税船舶的净吨位或者艇身长度为计税依据,按照适用税额标准计算应纳税额。

应纳税额计算公式:

1. 应纳税额 = 应纳税车辆数量或者整备质量 × 适用税额标准
2. 应纳税额 = 应纳税船舶净吨位或者艇身长度 × 适用税额标准

例1:某汽车运输公司拥有20辆大型客车和5辆整备质量10吨的货车,当地政府规定这两种汽车车船税的税额标准分别为每辆每年1000元和整备质量每吨每年100元,该公司上述车辆全年应纳车船税税额的计算方法如下:

应纳税额 = 20 × 1000 + 10 × 5 × 100
     = 25000 (元)

例2:某航运公司拥有净吨位为2000吨、9000吨的轮船各10艘,这两种船车船税的年税额标准分别为每吨4元和5元,该公司上述船舶全年应纳车船税税额的计算方法如下:

应纳税额 = 2000 × 10 × 4 + 9000 × 10 × 5
     = 530000 (元)

(五) 车船税的主要免税、减税规定有哪些?

使用新能源的车船,捕捞、养殖渔船,军队、武装警察部队专用的车船，公安机关、国家安全机关、监狱、劳动教养管理机关、人民法院和人民检察院领取警用牌照的车辆和执行警务的专用船舶，悬挂应急救援专用号牌的国家综合性消防救援车辆、专用船舶；依法免税的外国驻华使馆、领事馆和国际组织驻华代表机构及其有关人员的车船，可以免征车船税。节约能源的汽车，可以减半征收车船税。

受地震、洪涝等严重自然灾害影响纳税困难和有其他特殊原因需要免税、减税的车船，可以在一定期限以内免税、减税，具体期限和数额由各省、自治区和直辖市人民政府确定，报国务院备案。

各省、自治区和直辖市人民政府可以根据本地的实际情况，对公共交通车船，农村居民拥有并主要在农村地区使用的摩托车、三轮汽车和低速载货汽车定期免税、减税。例如，江苏省人民政府规定：公共交通车船，农村居民拥有并主要在农村地区使用的摩托车、三轮汽车和低速载货汽车，可以暂时免征车船税。

（六）车船税的纳税期限、纳税地点是怎样规定的？

车船税按年申报，分月计算，一次缴纳，具体申报纳税期限由各省、自治区和直辖市人民政府规定。纳税年度为公历1月1日至12月31日。例如，河南省人民政府规定：在一个纳税年度以内，纳税人可以在投保机动车第三者责任强制保险或者办理车船登记、检验以前任一征收期自行申报缴纳车船税。纳税人没有自行申报缴纳车船税的，车船税的纳税期限为纳税人投保机动车第三者责任强制保险或者办理车船登记、检验的当日。

车船税纳税义务发生时间为取得车船所有权或者管理权的当月，以购买车船的发票或者其他证明文件所载日期为准。

扣缴义务人应当及时解缴代收代缴的车船税及其滞纳金，并向税务机关申报。解缴上述款项的时候，应当同时报送明细的扣缴报告。解缴上述款项的具体期限，由各省、自治区和直辖市税务局按照有关法律、行政法规确定。

购置的新车船，购置当年的应纳税额自纳税义务发生的当月起按月计算。应纳税额为年应纳税额除以 12 再乘以应纳税月份数。

车船税的纳税地点为车船的登记地或者车船税扣缴义务人所在地。依法不需要登记的车船，车船税的纳税地点为车船的所有人或者管理人所在地。税务机关可以在车船登记管理部门、车船检验机构的办公场所集中办理车船税征收事宜。

扣缴义务人已经代收代缴车船税的，纳税人不再向车辆登记地的税务机关申报缴纳车船税；没有扣缴义务人的，纳税人应当向税务机关自行申报缴纳车船税。

纳税人缴纳车船税的时候，应当提供反映排气量、整备质量、核定载客人数、净吨位、艇身长度、发动机功率等相关信息的凭证和税务机关根据实际需要要求提供的其他资料。

车辆所有人或者管理人在申请办理车辆相关登记、定期检验手续的时候，应当向公安机关交通管理部门提交依法缴纳车船税或者免征车船税的证明，否则公安机关交通管理部门不予办理相关手续。

（七）纳税人在哪些情况下可以申请退还车船税？

在纳税年度期间已经完税的车船被盗抢、报废或者灭失的，纳税人可以凭有关管理机关出具的证明和完税凭证，向纳税所在地的税务机关申请退还自被盗抢、报废或者灭失月份起至该纳税年度终了期间的车船税。已经办理退税的被盗抢车船失而复得的，纳税人应当自公安机关出具相关证明的当月起计算缴纳车船税。

已经缴纳车船税的车船在本纳税年度期间办理转让过户的，不另外缴纳车船税，也不退还已经缴纳的车船税。

已经缴纳车船税的车船，由于质量原因被退回生产企业或者经销商的，纳税人可以向纳税所在地的税务机关申请退还自退货月份起至该纳税年度终了期间的车船税。

十五、船舶吨税

（一）什么是船舶吨税？

船舶吨税是对船舶征收的一种税收。2017年12月27日，第十二届全国人民代表大会常务委员会第三十一次会议通过《中华人民共和国船舶吨税法》，当日公布，自2018年7月1日起施行。2018年10月26日，第十三届全国人民代表大会常务委员会第六次会议对该法作了修正，当日公布，自当日起施行。

船舶吨税由海关总署负责征收管理，所得收入归中央政府所有。2017年，全国船舶吨税收入为50.4亿元。

（二）船舶吨税的纳税人、计税依据和税额标准是怎样规定的？

船舶吨税的纳税人为自中国境外港口进入中国境内港口的船舶（以下简称"应税船舶"）。

船舶吨税的计税依据为船舶的净吨位；采用分级分档税额标准，包括优惠税额标准和普通税额标准两类，同类同级税额标准按照船舶吨税执照（以下简称执照）期限各分3档，详见《船舶吨税税目、税额标准表》（见表19）。

表 19　　　　　　　　船舶吨税税目、税额标准表

税目 (按船舶净吨位划分)	税额标准（元/净吨）						备注
	普通税额标准 （按执照期限划分）			优惠税额标准 （按执照期限划分）			
	1年	90日	30日	1年	90日	30日	
1. 不超过2000净吨的	12.6	4.2	2.1	9.0	3.0	1.5	1. 拖船的净吨位，按发动机功率1千瓦折合0.67净吨计算 2. 无法提供净吨位证明的游艇的净吨位，按发动机功率1千瓦折合0.05净吨计算 拖船、非机动驳船的适用税额标准，按相同净吨位船舶适用税额标准的50%计算
2. 超过2000净吨至10000净吨的	24.0	8.0	4.0	17.4	5.8	2.9	
3. 超过10000净吨至50000净吨的	27.6	9.2	4.6	19.8	6.6	3.3	
4. 超过50000净吨的	31.8	10.6	5.3	22.8	7.6	3.8	

中国籍的应税船舶、船籍国（地区）与中国签订含有相互给予船舶税费最惠国待遇条款的条约或者协定的应税船舶，适用优惠税额标准；其他应税船舶，适用普通税额标准。

(三) 船舶吨税的应纳税额怎样计算？

船舶吨税采用从量计征方法计算应纳税额，应纳税额计算公式如下：

应纳税额 = 应税船舶净吨位 × 适用税额标准

例：某应税船舶净吨位为 10 万吨，适用税额标准为 3.8 元，该船舶应纳船舶吨税税额的计算方法如下：

应纳税额 = 10 × 3.8
　　　　 = 38（万元）

(四) 哪些船舶可以免缴船舶吨税？

下列船舶可以免缴船舶吨税：船舶吨税应纳税额在 50 元以下的船舶；自中国境外以购买、受赠和继承等方式取得船舶所有权的初次进口到港的空载船舶；船舶吨税执照期满以后 24 小时之内不上下客货的船舶；非机动船舶（不包括非机动驳船）；捕捞、养殖渔船；避难、防疫隔离、修理、改造、终止运营和拆解，并不上下客货的船舶；军队、武装警察部队专用和征用的船舶；警用船舶；依法应当免税的外国驻华使馆、领事馆和国际组织驻华代表机构及其有关人员的船舶；国务院规定的其他船舶，此类船舶由国务院报全国人民代表大会常务委员会备案。

十六、印花税

(一) 什么是印花税?

印花税是对经济活动中书立、领受的凭证征收的一种税收。1988年8月6日,国务院发布《中华人民共和国印花税暂行条例》,自当年10月1日起施行。2011年1月8日,国务院对该条例作了修改。1988年9月29日,财政部发布《中华人民共和国印花税暂行条例实施细则》。

印花税由税务机关负责征收管理,所得收入由中央政府与地方政府共享。2017年,印花税收入为2206.4亿元,占当年中国税收总额的1.5%。

(二) 印花税的纳税人有哪些?

印花税的纳税人,包括在中国境内书立、领受规定的经济凭证的企业、行政单位、事业单位、军事单位、社会团体、其他单位、个体工商户和其他个人。其中,各类合同以立合同人为纳税人,产权转移书据以立据人为纳税人,营业账簿以立账簿人为纳税人,权利、许可证照以领受人为纳税人。

(三) 印花税的税目、税率 (税额标准) 是怎样规定的?

印花税根据不同的税目,分别采用差别比例税率和固定税额标准,详见《印花税税目、税率 (税额标准) 税率表》(见表20)。

表 20　　　　　印花税税目、税率（税额标准）表

税目	征收范围	税率（税额标准）	纳税人	说明
1. 购销合同	包括供应、预购、采购、购销结合和协作、调剂、补偿、易货等合同	按购销金额0.3‰贴花	立合同人	
2. 加工承揽合同	包括加工、定做、修缮、修理、印刷、广告、测绘和测试等合同	按加工或承揽收入0.5‰贴花	立合同人	
3. 建设工程勘察设计合同	包括勘察、设计合同	按收取费用0.5‰贴花	立合同人	
4. 建筑安装工程承包合同	包括建筑、安装工程承包合同	按承包金额0.3‰贴花	立合同人	
5. 财产租赁合同	包括租赁房屋、船舶、飞机、机动车辆、机械、器具和设备等合同	按租赁金额1‰贴花。税额不足1元的，按1元贴花	立合同人	
6. 货物运输合同	包括民用航空运输、铁路运输、海上运输、内河运输、公路运输和联运合同	按运输费用0.5‰贴花	立合同人	单据作为合同使用的，按合同贴花
7. 仓储保管合同	包括仓储、保管合同	按仓储、保管费用1‰贴花	立合同人	仓单或栈单作为合同使用的，按合同贴花

续表

税目	征收范围	税率(税额标准)	纳税人	说明
8. 借款合同	银行、其他金融组织与借款人(不包括银行同业拆借)签订的借款合同,融资租赁合同	按借款金额0.05‰贴花	立合同人	单据作为合同使用的,按合同贴花
9. 财产保险合同	包括财产、责任、保证和信用等保险合同	按保险费收入1‰贴花	立合同人	单据作为合同使用的,按合同贴花
10. 技术合同	包括技术开发、转让、咨询和服务等合同	按合同所载金额0.3‰贴花	立合同人	
11. 产权转移书据	包括财产所有权、版权、商标专用权、专利权和专有技术使用权等产权转移书据,土地使用权出让、转让合同和商品房销售合同	按书据所载金额0.5‰贴花	立据人	
12. 营业账簿	生产、经营用账册	记载资金的账簿,按实收资本和资本公积的合计金额0.5‰贴花,目前减半征税;其他账簿免税	立账簿人	

续表

税目	征收范围	税率（税额标准）	纳税人	说明
13. 权利、许可证照	包括政府部门发给的房屋产权证、营业执照、商标注册证、专利证和土地使用证	按件贴花，每件5元	领受人	
14. 股票交易	股份制企业向社会公开发行的股票，因买卖、继承和赠予书立的股权转让书据	按书据书立时证券市场当日实际成交价格计算的金额和1‰的税率计算应纳税额	出让方	

（四）印花税的应纳税额怎样计算？

印花税根据不同的征税项目，分别采用从价计征和从量计征两种方法计算应纳税额：第一种方法以应纳税凭证记载的金额、费用和收入额为计税依据，按照适用税率计税；第二种方法以应纳税凭证的件数为计税依据，按照适用税额标准计税。

应纳税额计算公式：

1. 应纳税额＝应纳税凭证记载的金额（费用、收入额）×适用税率

2. 应纳税额＝应纳税凭证的件数×适用税额标准

例1：甲、乙两家企业签订一份购销合同，购销金额为200万元，印花税适用税率为0.3‰，两家企业签订上述合同分别应纳印花税税额的计算方法如下：

应纳税额＝2000000×0.3‰
　　　　＝600（元）

例2：某企业取得权利、许可证照10件，印花税适用税额标准为每件5元，该企业上述证照应纳印花税税额的计算方法如下：

应纳税额 = 10 × 5

= 50（元）

印花税应纳税额不足1角的，免税。应纳税额在1角以上的，其尾数不满5分的不计，满5分的按照1角计算缴纳。

同一件应纳税凭证，由于载有两个以上经济事项而适用不同的印花税税目、税率，如果分别记载金额，应当分别计算应纳印花税税额，相加以后按照合计应纳税额纳税；如果没有分别记载金额，按照税率高的税目计算纳税。

已经缴纳印花税的凭证，修改以后所载金额增加的，其增加的部分应当补贴印花税票。

（五）股票转让怎样计算缴纳印花税？

根据国务院规定，股份制企业向社会公开发行的股票，因买卖、继承、赠予所书立的股权转让书据，均应当按照书据书立的时候证券市场当天实际成交价格计算的金额，由出让方按照1‰的税率缴纳印花税。

例：郑某在证券交易所出售某上市公司发行的股票20000股，每股售价10元，郑某应纳股票交易印花税税额的计算方法为：

应纳税额 = 20000 × 10 × 1‰

= 200（元）

办理股权交割的单位应当代征代缴印花税。

（六）哪些凭证可以免征印花税？

可以免征印花税的主要项目如下：已经缴纳印花税的凭证的副本、抄本，但是视同正本使用者除外；财产所有人将财产赠予政府、扶养孤老伤残人员的社会福利单位、学校所立的书据；政府指定的收购部门与村民委员会、农民个人书立的农副产品收购合同；无息、贴息贷款合同；外国政府、国际金融组织向中国政府、国家金融机构提供优惠贷款所书立的合同；企业因改制而签订的产权转移书据；农民专业合作社与本社成员签订的农业产品和农业生产资料购销合同；因农村集体经济组织和代行集体经济组织职能的村民委员会、村民小组清产核资收回集体资产而签订的产权转移书据；个人出租、承租住房签订的租赁合同涉及的印花税，经济适用住房经营管理单位与经济适用住房相关的印花税，经济适用住房购买人涉及的印花税。

可以暂时免征印花税的主要项目如下：农林作物、牧业畜类保险合同；书、报、刊发行单位之间，发行单位与订阅单位、个人之间书立的凭证；投资者买卖证券投资基金单位；经国务院和省级人民政府决定或者批准进行政企脱钩、对企业（集团）进行改组和改变管理体制、变更企业隶属关系，国有企业改制、盘活国有企业资产，发生的国有股权无偿划转行为；个人销售、购买住房。

金融机构与小型、微型企业签订的借款合同，可以定期免征印花税。

（七）印花税的纳税方式是怎样规定的？

印花税一般实行由纳税人根据税法规定自行计算应纳税额，购买并一次贴足印花税票（通常简称"贴花"）的缴纳方法。应纳税凭证应当在合同签订、书据立据、账簿启用和证照领受的时候贴花。

一份凭证应纳税额超过500元的，纳税人应当向当地税务机关申请填写缴款书或者完税证，将其中一联粘贴在凭证上；或者由税务机关在凭证上加注完税标记代替贴花。

同类应纳税凭证需要频繁贴花的，纳税人可以根据实际情况自行决定是否采用按期汇总缴纳印花税的方式，汇总纳税的期限为1个月。采用按期汇总纳税方式的，纳税人应当事先告之税务机关。纳税方式确定以后，1年之内不能改变。

同一件应纳税凭证，由两方以上当事人（指对凭证有直接权利、义务关系的企业、单位和个人）签订并各执一份的，应当由各方就自己所执的一份凭证全额贴花。

当事人的代理人有代理缴纳印花税的义务。

印花税票应当粘贴在应纳税凭证上,并由纳税人在每枚税票的骑缝处盖戳注销或者画销。

十七、城市维护建设税

（一）什么是城市维护建设税？

中国的城市维护建设税是为了筹集城市维护建设资金而征收的一种税收。1985年2月8日，国务院发布《中华人民共和国城市维护建设税暂行条例》，自当年1月1日起施行。2011年1月8日，国务院对该条例作了修改。各省、自治区和直辖市人民政府可以根据该条例制定实施细则，送财政部备案。

城市维护建设税由税务机关负责征收管理，所得收入由中央政府与地方政府共享，是地方政府税收收入的重要来源之一。2017年，城市维护建设税收入为4362.2亿元，占当年中国税收总额的3%。

（二）城市维护建设税的纳税人、计税依据、税率和计税方法是怎样规定的？

城市维护建设税的纳税人，包括缴纳增值税、消费税的企业、行政单位、事业单位、军事单位、社会团体、其他单位、个体工商户和其他个人；增值税、消费税的扣缴义务人也是城市维护建设税的扣缴义务人。

城市维护建设税一般以纳税人缴纳的增值税、消费税税额为计税依据，按照适用税率计算应纳税额，分别与上述两种税收同时缴纳。生产企业出口货物经税务机关批准免征、抵扣的增值税，也应当计征城市维护建设税。

城市维护建设税按照纳税人所在地采用差别比例税率,详见《城市维护建设税税率表》(见表21)。

表21　　　　　　　城市维护建设税税率表

地区	税率(%)
1. 市区	7
2. 县城、建制镇	5
3. 其他地区	1

应纳税额计算公式:

应纳税额＝计税依据×适用税率

例:位于上海市区的某企业本月共缴纳增值税、消费税8000万元,城市维护建设税适用税率为7%,该企业本月应纳城市维护建设税税额的计算方法如下:

应纳税额＝8000×7%
　　　　＝560(万元)

(三) 城市维护建设税的主要免税、减税规定有哪些?

城市维护建设税的主要免税、减税规定如下:

1. 城市维护建设税可以随同增值税、消费税征收、减免。由于免征、减征增值税、消费税发生的退税,可以同时退还已经缴纳的城市维护建设税。

2. 增值税小规模纳税人,符合重点群体创业就业规定条件下的个体工商户、企业,可以按照规定减征城市维护建设税。

3. 对进口货物征收增值税、消费税的时候,不征收城市维护建设税。对出口货物退还已经缴纳增值税、消费税的时候,已经缴纳的城市维护建设税不予退还。

4. 对于增值税、消费税实行先征后返、先征后退、即征即退办法的，除了另有规定者以外，随增值税、消费税附征的城市维护建设税不予退（返）还。

5. 实行增值税期末留抵退税的纳税人，可以从城市维护建设税的计税依据中扣除退还的增值税。

十八、烟叶税

(一) 什么是烟叶税?

中国的烟叶税是对烟叶征收的一种税收。2017年12月27日,第十二届全国人民代表大会常务委员会第三十一次会议通过《中华人民共和国烟叶税法》,当日公布,自2018年7月1日起施行。

烟叶税由税务机关负责征收管理,所得收入归地方政府所有。2017年,烟叶税收入为115.7亿元,不足当年中国税收总额的0.1%。

(二) 烟叶税的纳税人、计税依据是怎样规定的?

烟叶税以按照《中华人民共和国烟草专卖法》的规定在中国境内收购烟叶(包括烤烟叶、晾晒烟叶)的单位为纳税人,以纳税人收购烟叶的时候支付的价款为计税依据,税率为20%。

上述价款,包括纳税人支付给烟叶生产销售单位和个人的烟叶收购价款和价外补贴。其中,价外补贴统一按照烟叶收购价款的10%计算。

(三) 烟叶税的计税方法、纳税期限和纳税地点是怎样规定的?

应纳税额计算公式:

应纳税额 = 纳税人收购烟叶时支付的价款 × 20%

烟叶税的纳税义务发生时间为纳税人收购烟叶的当日。

烟叶税按月计征,纳税人应当于纳税义务发生月终了之日起15日以内申报并缴纳税款。

纳税人应当向烟叶收购地的税务机关申报缴纳烟叶税。

十九、环境保护税

（一）什么是环境保护税？

中国的环境保护税是对污染物征收的一种税收。2016年12月25日，第十二届全国人民代表大会常务委员会第二十五次会议通过《中华人民共和国环境保护税法》，当日公布，自2018年1月1日起施行。2018年10月26日，第十三届全国人民代表大会常务委员会第六次会议对该法作了修正，当日公布，自当日起施行。2017年12月25日，国务院公布《中华人民共和国环境保护税法实施条例》。

环境保护税由税务机关按照税收征管法和环境保护税法征收管理，环境保护主管部门按照环境保护税法和有关环境保护的法律、法规负责污染物的监测管理。

（二）环境保护税的纳税人、税目和税额标准是怎样规定的？

环境保护税的纳税人，包括在中国领域和中国管辖的其他海域，直接向环境排放应税污染物的企业、事业单位和其他生产、经营者。

环境保护税的征税对象是应税污染物，包括《环境保护税税目、税额标准表》《应税污染物和当量值表》规定的大气污染物、水污染物、固体废物和噪声。

有下列情形之一的，不属于直接向环境排放污染物，不缴纳相应污染物的环境保护税：企业、事业单位和其他生产、经营者向依法设立的污水集中处理、生活垃圾集中处理场排放应税污染物的；企业、事业单位和其他生产、经营者在符合国家、地方环境保护标准的设施、场所贮存、处置固体废物的。

依法设立的城乡污水集中处理、生活垃圾集中处理场所超过国家、地方规定的排放标准向环境排放应税污染物的，企业、事业单位和其他生产、经营者贮存、处置固体废物不符合国家、地方环境保护标准的，应当缴纳环境保护税。

达到省级人民政府确定的规模标准并且有污染物排放口的畜禽养殖场，应当依法缴纳环境保护税；依法对畜禽养殖废弃物进行综合利用和无害化处理的，不属于直接向环境排放污染物，不缴纳环境保护税（见表22）。

应税大气污染物、水污染物的具体适用税额标准的确定和调整，由省级人民政府统筹考虑本地区环境承载能力、污染物排放现状和经济社会生态发展目标要求，在《环境保护税税目、税额标准表》规定的税额标准幅度以内提出，报同级人民代表大会常务委员会决定，并报全国人民代表大会常务委员会和国务院备案。

（三）环境保护税的计税方法是怎样规定的？

应税污染物的计税依据按照下列方法确定：应税大气污染物、水污染物按照污染物排放量折合的污染当量数确定，应税固体废物按照固体废物的排放量确定，应税噪声按照超过国家规定标准的分贝数确定。

应税大气污染物、水污染物的污染当量数，以该污染物的排放量除以该污染物的污染当量值计算。每种应税大气污染物、水污染物的具体污染当量值，按照《应税污染物和当量值表》执行。

从两个以上排放口排放应税污染物的，对每一排放口排放的应税污染物分别计算征收环境保护税；纳税人持有排污许可证的，其污染物排放口按照排污许可证载明的污染物排放口确定。

表22　　　　　　　　环境保护税税目、税额标准表

税目		计税单位	税额	备注
1. 大气污染物		每污染当量	1.2元至12元	
2. 水污染物		每污染当量	1.4元至14元	
3. 固体废物	（1）煤矸石	每吨	5元	
	（2）尾矿	每吨	15元	
	（3）危险废物	每吨	1000元	
	（4）冶炼渣、粉煤灰、炉渣和其他固体废物（含半固态、液态废物）	每吨	25元	
4. 噪声	工业噪声	超标1~3分贝	每月350元	1. 一个单位边界上有多处噪声超标，按最高一处超标声级计算应纳税额；沿边界长度超过100米两处以上噪声超标，按两个单位计算应纳税额 2. 一个单位有不同地点作业场所的，分别计算应纳税额，合并计征 3. 昼、夜均超标的环境噪声，昼、夜分别计算应纳税额，累计计征 4. 声源一个月内超标不足15天的，减半计算应纳税额 5. 夜间频繁突发和夜间偶然突发厂界超标噪声，按等效声级和峰值噪声两种指标中超标分贝值高的一项计算应纳税额
		超标4~6分贝	每月700元	
		超标7~9分贝	每月1400元	
		超标10~12分贝	每月2800元	
		超标13~15分贝	每月5600元	
		超标16分贝以上	每月11200元	

每一排放口或者没有排放口的应税大气污染物，按照污染当量数从大到小排序，对前三项污染物征收环境保护税。

每一排放口的应税水污染物，按照《应税污染物和当量值表》，区分第一类水污染物和其他类水污染物，按照污染当量数从大到小排序，对第一类水污染物按照前五项征收环境保护税，对其他类水污染物按照前三项征收环境保护税。

省级人民政府根据本地区污染物减排的特殊需要，可以增加同一排放口征收环境保护税的应税污染物项目数，报同级人民代表大会常务委员会决定，并报全国人民代表大会常务委员会和国务院备案。

纳税人有下列情形之一的，以其当期应税大气污染物、水污染物的产生量作为污染物的排放量：没有依法安装使用污染物自动监测设备或者没有将污染物自动监测设备与环境保护主管部门的监控设备联网；损毁或者擅自移动、改变污染物自动监测设备；篡改、伪造污染物监测数据；通过暗管、渗井、渗坑、灌注、稀释排放和不正常运行防治污染设施等方式违法排放应税污染物；进行虚假纳税申报。

固体废物的排放量为当期应税固体废物的产生量减去当期应税固体废物的贮存量、处置量和综合利用量以后的余额。

纳税人非法倾倒应税固体废物、进行虚假纳税申报的，以其当期应税固体废物的产生量作为固体废物的排放量。

应税大气污染物、水污染物、固体废物的排放量和噪声的分贝数，按照下列方法和顺序计算：纳税人安装使用符合国家规定、监测规范的污染物自动监测设备的，按照污染物自动监测数据计算。纳税人没有安装使用污染物自动监测设备的，按照监测机构出具的符合国家规定、监测规范的监测数据计算；纳税人自行监测污染物获取的监测数据，符合国家规定和监测规范的，视同上述监测机构出具的监测数据。由于排放污染物种类多等原因不具备监测条件的，按照国务院生态环境主管部门规定的排污系数、物料衡算方法计算。不能按照上述方法计算的，按照省级人民政府生态环境主管部门规定的抽样测算的方法核定计算，由税务机关会同生态环境主管部门核定污染物排放种类、数量和应纳税额。

环境保护税的应纳税额计算公式如下：

1. 应税大气污染物的应纳税额＝污染当量数×适用税额标准
2. 应税水污染物的应纳税额＝污染当量数×适用税额标准
3. 应税固体废物的应纳税额＝固体废物排放量×适用税额标准

应税噪声的应纳税额为超过国家规定标准的分贝数对应的适用税额标准。

（四）环境保护税的免税、减税是怎样规定的？

下列情形可以暂时免征环境保护税：农业生产（不包括规模化养殖）排放应税污染物的；机动车、铁路机车、非道路移动机械、船舶和航空器等流动污染源排放应税污染物的；依法设立的城乡污水集中处理场所，生活垃圾集中处理场所排放相应应税污染物，不超过国家、地方规定的排放标准的；纳税人综合利用的固体废物，符合国家、地方环境保护标准的；国务院批准免税的其他情形，此类免税规定由国务院报全国人民代表大会常务委员会备案。

纳税人排放应税大气污染物、水污染物的浓度值低于国家、地方规定的污染物排放标准30%的，可以减按75%征收环境保护税；纳税人排放应税大气污染物、水污染物的浓度值低于国家、地方规定的污染物排放标准50%的，可以减按50%征收环境保护税。上述浓度值应当按照每一排放口排放的不同应税污染物分别计算。

（五）环境保护税的纳税期限、纳税地点是怎样规定的？

环境保护税的纳税义务发生时间为纳税人排放应税污染物的当日。

纳税人应当向应税污染物排放地的税务机关申报缴纳环境保护

税。上述排放地包括应税大气污染物、水污染物排放口所在地，应税固体废物产生地，应税噪声产生地。

纳税人跨区域排放应税污染物，税务机关对环境保护税征收管辖有争议的，由争议各方按照有利于征收管理的原则协商解决；不能协商一致的，报请共同的上级税务机关决定。

环境保护税按月计算，按季申报缴纳。不能按固定期限计算缴纳的，可以按次申报缴纳。

纳税人申报缴纳环境保护税的时候，应当向税务机关报送排放应税污染物的种类、数量，大气污染物、水污染物的浓度值，税务机关根据实际需要要求纳税人报送的其他纳税资料。

纳税人按季申报缴纳环境保护税的，应当自季度终了之日起15日以内向税务机关办理纳税申报并缴纳税款。纳税人按次申报缴纳环境保护税的，应当自纳税义务发生之日起15日以内向税务机关办理纳税申报，并缴纳税款。

税务机关应当将纳税人的环境保护税纳税申报数据资料与生态环境主管部门交送的相关数据资料比对。税务机关发现纳税人申报的上述资料异常或者纳税人没有按照规定期限办理纳税申报，可以提请生态环境主管部门复核。生态环境主管部门应当自收到税务机关提交的上述资料之日起15日以内向税务机关出具复核意见，税务机关应当按照生态环境主管部门复核的资料调整纳税人的应纳税额。

二十、税收征收管理制度

(一) 什么是税务登记?

税务登记是税务机关对纳税人的经济活动进行登记,并据此对纳税人实施税务管理的一项法定制度。

企业,企业在外地设立的分支机构和从事生产、经营的场所,个体工商户和从事生产、经营的事业单位,都应当依法办理税务登记。其他纳税人,除了国家机关、个人和无固定生产、经营场所的流动性农村小商贩以外,也应当依法办理税务登记。

新设立的企业、农民专业合作社(以下统称"企业")领取由市场监管部门核发加载法人和其他组织统一社会信用代码的营业执照以后,税务部门不再发给税务登记证。企业办理涉税事项的时候,在完成补充信息采集以后,加载上述代码的营业执照可以代替税务登记证使用。

新设立的个体工商户领取的市场监管部门核发的加载统一社会信用代码的营业执照,同时具有原营业执照和税务登记证的功能,税务部门不再发给税务登记证。税务机关在个体工商户办理涉税事宜时,确认其统一社会信用代码等相关信息,进行税务管理。

在机构编制、民政部门登记设立并取得统一社会信用代码的纳税人,以18位统一社会信用代码为其纳税人识别号,按照现行规定办理税务登记,发放税务登记证件。

税务部门与民政部门之间能够建立省级统一的信用信息共享交换平台、政务信息平台和部门间数据接口,并实现登记信息实时传递的，可以参照企业、农民专业合作社的做法，由民政部门受理申请，只发放标注统一社会信用代码的社会组织法人登记证，赋予其税务登记证件的功能，不再另行发放税务登记证件。

依法负有扣缴税款义务的扣缴义务人（不包括国家机关），应当依法办理扣缴税款登记。

县以上税务局（分局）是税务登记的主管机关，负责税务登记的设立登记、变更登记、注销登记和税务登记证验证、换证以及非正常户处理、报验登记等有关事项。

税务登记证件包括税务登记证及其副本、临时税务登记证及其副本，扣缴税款登记证件包括扣缴税款登记证及其副本。

县以上税务局（分局）按照国务院规定的税收征收管理范围，实施属地管理。在有条件的城市，可以按照各区分散受理、全市集中处理的原则办理税务登记。

纳税人识别号由省、自治区、直辖市和计划单列市税务局按照纳税人识别号代码行业标准编制，统一下发各地执行。

已经领取组织机构代码的纳税人，其纳税人识别号共 15 位，由纳税人登记所在地 6 位行政区划码加 9 位组织机构代码组成。以业主身份证件为有效身份证明的组织，即未取得组织机构代码证书的个体工商户和持回乡证、通行证、护照办理税务登记的纳税人，其纳税人识别号由身份证件号码加 2 位顺序码组成。

纳税人在开立银行账户、领取发票的时候，必须提供税务登记证件；在办理其他税务事项的时候，应当出示税务登记证件，经税务机关核准相关信息以后办理。

（二）怎样办理设立登记？

企业，企业在外地设立的分支机构和从事生产、经营的场所，个体工商户和从事生产、经营的事业单位（以下统称"从事生产、经营的纳税人"），应当向生产、经营所在地税务机关申报办理税务登记：

1. 从事生产、经营的纳税人领取营业执照的，应当自领取营业执照之日起 30 日以内申报办理税务登记，税务机关发放税务登记证及副本。

2. 从事生产、经营的纳税人没有办理营业执照，经有关部门批准设立的，应当自有关部门批准设立之日起 30 日以内申报办理税务登记，税务机关发放税务登记证及副本。

3. 从事生产、经营的纳税人没有办理营业执照，也没有经有关部门批准设立的，应当自纳税义务发生之日起 30 日以内申报办理税务登记，税务机关发放临时税务登记证及副本。

4. 有独立的生产经营权、在财务上独立核算并定期向发包人、出租人上交承包费、租金的承包承租人，应当自承包承租合同签订之日起 30 日以内，向其承包承租业务发生地税务机关申报办理税务登记，税务机关发放临时税务登记证及副本。

5. 中国境外的企业在中国境内承包建筑、安装、装配、勘探工程和提供劳务的，应当自项目合同（协议）签订之日起 30 日以内，向项目所在地税务机关申报办理税务登记，税务机关发放临时税务登记证及副本。

其他纳税人，除了国家机关、个人和无固定生产、经营场所的流动性农村小商贩以外，都应当自纳税义务发生之日起 30 日以内，向纳税义务发生地税务机关申报办理税务登记，税务机关发放税务登记证及副本。

税务机关对纳税人税务登记地点发生争议的，由其共同的上级税务机关指定管辖。

纳税人在申报办理税务登记的时候，应当根据不同情况向税务机关提供营业执照或者其他核准执业证件，有关合同、章程和协议书，组织机构统一代码证书，法定代表人或者负责人、业主的居民身份证、护照或者其他合法证件，如实填写税务登记表。其他需要提供的有关证件、资料，由省级税务机关确定。

纳税人提交的证件、资料齐全且税务登记表的填写内容符合规定的，税务机关应当当日办理，并发放税务登记证件。纳税人提交的证件和资料不齐全，税务登记表的填写内容不符合规定的，税务机关应当场通知其补正或者重新填报。

已经办理税务登记的扣缴义务人，应当自扣缴税款义务发生之日起30日以内，向税务登记地税务机关申报办理扣缴税款登记。税务机关在其税务登记证件上登记扣缴税款事项，税务机关不再发放扣缴税款登记证件。

依法可以不办理税务登记的扣缴义务人，应当自扣缴税款义务发生之日起30日以内，向机构所在地税务机关申报办理扣缴税款登记。税务机关发放扣缴税款登记证件。

（三）怎样办理变更登记？

纳税人税务登记内容发生变化的，应当向原税务登记机关申报办理变更税务登记。

纳税人已经在市场监管机关办理变更登记的，应当自市场监管机关变更登记之日起30日以内，向原税务登记机关提供登记变更表和营业执照、纳税人变更登记内容的有关证明文件、税务机关发放的原税务登记证件和其他有关资料，申报办理变更税务登记。

纳税人按照规定不需要在市场监管机关办理变更登记，或者其变更登记的内容与工商登记内容无关的，应当自税务登记内容实际发生变化之日起30日以内，或者自有关机关批准、宣布变更之日起30日以内，持纳税人变更登记内容的有关证明文件、税务机关发放的原税务登记证件和其他有关资料，到原税务登记机关申报办理变更税务登记。

纳税人提交的有关变更登记的证件、资料齐全的，应当填写税务登记变更表，符合规定的，税务机关应当当日办理；不符合规定的，税务机关应当通知其补正。

纳税人税务登记表和税务登记证中的内容都发生变更的，税务机关按照变更以后的内容重新发放税务登记证件；纳税人税务登记表的内容发生变更而税务登记证中的内容没有发生变更的，税务机关不重新核发税务登记证件。

（四）怎样办理停业、复业登记？

实行定期定额征收方式的个体工商户需要停业的，应当在停业以前向税务机关申报办理停业登记。纳税人的停业期限不得超过1年。

纳税人在申报办理停业登记的时候，应当填写《停业复业报告书》，说明停业理由、停业期限、停业以前的纳税情况和发票的领、用、存情况，并结清应纳税款、滞纳金和罚款。税务机关应当收存其税务登记证件及副本、发票领取簿、没有使用完的发票和其他税务证件。

纳税人在停业期间发生纳税义务的，应当依法申报纳税。

纳税人应当在恢复生产、经营以前向税务机关申报办理复业登记，填写《停业复业报告书》，领回并启用税务登记证件、发票领取簿及其停业以前领取的发票。

纳税人停业期满以后不能及时恢复生产、经营的，应当在停业期满以前到税务机关办理延长停业登记申请，并填写《停业复业报告书》。

（五）怎样办理注销登记？

纳税人发生解散、破产、撤销和其他情形，依法终止纳税义务的，应当在向市场监管机关或者其他机关办理注销登记以前，持有关证件、资料向原税务登记机关申报办理注销税务登记；按照规定不需要在市场监管机关或者其他机关办理注册登记的，应当自有关机关批准或者宣告终止之日起15日以内，持有关证件和资料向原税务登记机关申报办理注销税务登记。

纳税人被市场监管机关吊销营业执照或者被其他机关撤销登记的，应当自吊销营业执照或者被撤销登记之日起15日以内，向原税务登记机关申报办理注销税务登记。

纳税人由于住所、经营地点变动，涉及改变税务登记机关的，应当在向市场监管机关或者其他机关申请办理变更、注销登记以前，或者住所、经营地点变动以前，持有关证件、资料，向原税务登记机关申报办理注销税务登记，并自注销税务登记之日起30日以内，向迁达地税务机关申报办理税务登记。

中国境外的企业在中国境内承包建筑、安装、装配、勘探工程和提供劳务的，应当在项目完工、离开中国以前15日以内，持有关证件、资料，向原税务登记机关申报办理注销税务登记。

纳税人办理注销税务登记以前，应当向税务机关提交相关证明文件、资料，结清应纳税款、多退（免）税款、滞纳金和罚款，缴销发票、税务登记证件和其他税务证件，经税务机关核准以后，办理注销税务登记手续。

（六）怎样办理外出经营报验登记？

纳税人到外县（市）临时从事生产、经营活动的，应当在外出生产、经营以前，持税务登记证到税务机关开具《外出经营活动税收管理证明》（以下简称《证明》）。

税务机关按照一地一证的原则发放《证明》，有效期限一般为30日，最长不得超过180日。

纳税人应当在《证明》注明地开始生产、经营以前向当地税务机关报验登记，并提交《证明》和税务登记证件副本。纳税人在《证明》注明地销售货物的，除了提交以上证明、证件以外，还应当填写《外出经营货物报验单》，申报查验货物。

纳税人外出经营活动结束，应当向经营地税务机关填报《外出经营活动情况申报表》，并结清税款，缴销发票。

纳税人应当在《证明》有效期届满之后10日以内，持《证明》回原税务登记地税务机关办理《证明》缴销手续。

（七）怎样处理非正常户？

已经办理税务登记的纳税人没有按照规定的期限申报纳税，在税务机关责令其限期改正以后，逾期不改正的，税务机关应当派人员实地检查，查无下落并且无法强制其履行纳税义务的，由检查人员制作非正常户认定书，存入纳税人档案，税务机关暂停其税务登记证件、发票领取簿和发票的使用。

纳税人被列入非正常户超过 3 个月的，税务机关可以宣布其税务登记证件失效，其应纳税款的追征仍然按照税收征收管理法的规定执行。

（八）账户管理有哪些规定？

从事生产、经营的纳税人应当按照国家的有关规定，持税务登记证件，在银行或者其他金融机构开立基本存款账户和其他存款账户，并自开立账户之日起 15 日以内向税务机关书面报告其全部账号；开立的账户发生变化的，应当自变化之日起 15 日以内向税务机关书面报告。

银行和其他金融机构应当在从事生产、经营的纳税人的账户中登录税务登记证件号码，并在税务登记证件中登录从事生产、经营的纳税人的账户账号。

在税务机关依法查询从事生产、经营的纳税人开立账户情况的时候，有关银行和其他金融机构应当协助。

（九）账簿、凭证管理有哪些基本规定？

纳税人、扣缴义务人应当按照有关法律、行政法规和财政部、国家税务总局的规定设置账簿，根据合法、有效凭证记账、核算。

从事生产、经营的纳税人应当自领取营业执照或者发生纳税义务之日起 15 日以内，按照国家的有关规定设置账簿（包括总账、明细账、日记账和其他辅助性账簿）。

生产、经营规模小又确无建账能力的纳税人，可以聘请经批准从事会计代理记账业务的专业机构或者财会人员代为建账和办理账务。

达不到建账标准而采用定期定额征收方式征收税款的个体工商户，应当建立收支凭证粘贴簿、进销货登记簿。在税控装置推广使用范围以内的纳税人，必须按照规定安装、使用税控装置。

从事生产、经营的纳税人的财务、会计制度或者财务、会计处理办法，应当自领取税务登记证件之日起15日以内，报送税务机关备案。

纳税人使用计算机记账的，应当在使用以前将会计电算化系统的会计核算软件、使用说明书和有关资料报送税务机关备案。

扣缴义务人应当自税收法律、行政法规规定的扣缴义务发生之日起10日以内，按照所代扣、代收的税种分别设置代扣代缴、代收代缴税款账簿。

纳税人、扣缴义务人会计制度健全，能够通过计算机正确、完整地核算其收入、所得或者代扣代缴、代收代缴税款情况的，其计算机输出的完整的书面会计记录可以视同会计账簿。纳税人、扣缴义务人会计制度不健全，不能通过计算机正确、完整地核算其收入、所得或者代扣代缴、代收代缴税款情况的，应当建立总账和与纳税或者代扣代缴、代收代缴税款有关的其他账簿。

纳税人、扣缴义务人的财务、会计制度或者财务、会计处理办法与国务院或者财政部、国家税务总局有关税收的规定抵触的，应当按照国务院或者财政部、国家税务总局有关税收的规定计算应纳税款、代扣代缴税款和代收代缴税款。

纳税人应当按照税务机关的规定安装、使用税控装置，并报送有关资料，不得毁损和擅自改动税控装置。

纳税人、扣缴义务人应当按照财政部、国家税务总局规定的保管期限保管账簿、记账凭证、完税凭证和其他有关资料，账簿、记账凭证、报表、完税凭证、发票、出口凭证和其他有关涉税资料应当合法、真实、完整，一般规定保存期为10年。

(十) 什么是发票？

发票是指购销货物、提供或者接受劳务和其他经营活动中开具、收取的收付款凭证。中国现行的《中华人民共和国发票管理办法》是国务院 1993 年 12 月 12 日批准，当年 12 月 23 日由财政部发布，自当日起施行的。2019 年 3 月 2 日，国务院对该办法作了第二次修正。凡在中国境内印制、领取、开具、取得、保管、缴销发票的单位和个人（以下称"印制、使用发票的单位和个人"），都应当遵守该办法。

国家税务总局统一负责全国的发票管理工作，规定发票的种类、联次、内容和使用范围。该局还可以根据增值税专用发票管理的特殊需要，制定该种发票的具体管理办法；可以根据有关行业特殊的经营方式和业务需求，会同国务院有关主管部门制定该行业的发票管理办法。各省、自治区和直辖市税务局负责本行政区域的发票管理工作。

财政、审计、市场监管和公安等有关部门在各自的职责范围内，配合税务机关做好发票管理工作。

对违反发票管理法规的行为，任何单位、个人都可以举报。税务机关应当为检举人保密，并酌情奖励。

(十一) 发票的式样、联次和内容是怎样规定的？

全国统一式样的发票，由国家税务总局确定。各省、自治区和直辖市统一式样的发票，由省级税务机关确定。

发票的基本联次包括存根联、发票联和记账联，存根联由收款方或者开票方留存备查，发票联由付款方或者受票方作为付款原始凭证，记账联由收款方或者开票方作为记账原始凭证。

省以上税务机关可以根据发票管理情况、纳税人经营业务需要增减除了发票联以外的其他联次，并确定其用途。

发票的基本内容包括：发票的名称、发票代码和号码、联次和用途、客户名称、开户银行和账号、商品名称或者经营项目、计量单位、数量、单价、大小写金额、开票人、开票日期和开票单位（个人）名称（章）等。

省以上税务机关可以根据经济活动和发票管理需要，确定发票的具体内容。

用票单位可以书面向税务机关要求使用印有本单位名称的发票，税务机关根据用票单位的经营范围和规模，确认印有该单位名称发票的种类和数量。

（十二）印制发票有哪些基本规定？

增值税专用发票，由国家税务总局确定的企业印制；其他发票，按照国家税务总局的规定，由省级税务机关确定的企业印制。禁止私自印制、伪造和变造发票。

税务机关应当以招标方式确定印制发票的企业，并发给发票准印证。发票准印证由国家税务总局统一监制，省级税务机关核发。

税务机关应当对印制发票企业实施监督管理，对于不符合条件者，应当取消其印制发票的资格。

全国统一的发票防伪措施由国家税务总局确定，省级税务机关可以根据需要增加本地区的发票防伪措施，并向国家税务总局备案。

印制发票应当使用国家税务总局确定的全国统一的发票防伪专用品。禁止非法制造发票防伪专用品。

发票防伪专用品应当按照规定专库保管，不得丢失。次品、废品应当在税务机关监督下集中销毁。

全国统一发票监制章是税务机关管理发票的法定标志，发票应当套印全国统一发票监制章。全国统一发票监制章的式样和发票版面印刷的要求由国家税务总局规定。发票监制章由省级税务机关制作。禁止伪造发票监制章。

印制发票的企业按照税务机关的统一规定，建立发票印制管理制度和保管措施。

发票监制章、发票防伪专用品的使用和管理实行专人负责制度。

各省、自治区和直辖市辖区以内的单位和个人使用的发票,除了增值税专用发票以外,应当在本省(自治区、直辖市)印制;确有必要到外省(自治区、直辖市)印制的,应当由当地省级税务机关商印制地省级税务机关同意,由印制地省级税务机关确定的企业印制。禁止在中国境外印制发票。

(十三) 怎样领取发票?

需要领取发票的单位、个人,应当持税务登记证件、经办人身份证明和按照国家税务总局规定式样制作的发票专用章的印模,向税务机关办理发票领取手续。税务机关根据领取单位、个人的经营范围和规模,确认领取发票的种类、数量和领取方式,在 5 个工作日以内发给发票领取簿。

单位、个人领取发票时,应当按照税务机关的规定报告发票领、用、存情况和相关开票数据,税务机关应当按照规定查验。

需要临时使用发票的单位、个人,可以凭购销货物、提供或者接受劳务、从事其他经营活动的书面证明和经办人身份证明,直接向经营地税务机关申请代开发票。按照税收法律、行政法规规定应当缴纳税款的,税务机关应当先征收税款,再开具发票。

税务机关根据发票管理的需要,可以按照国家税务总局的规定委托其他单位代开发票。税务机关应当与受托代开发票的单位签订协议,明确代开发票的种类、对象、内容和相关责任等内容。禁止非法代开发票。

临时到本省(自治区、直辖市)以外从事经营活动的单位、个人,应当凭所在地税务机关的证明,向经营地税务机关领取经营地的发票。

临时在本省(自治区、直辖市)以内跨市、县从事经营活动领取发票的办法,由省级税务机关规定。

外省(自治区、直辖市)来本省(自治区、直辖市)从事临时经营活动的单位、个人领取发票的,本省(自治区、直辖市)税务机关可以要求其提供保证人,或者根据领取发票的票面限额和数量交纳不超过1万元的保证金,并限期缴销发票。提供保证人和交纳保证金的范围,由省级税务机关规定。

保证人同意为领取发票的单位、个人提供担保的,应当填写担保书,担保书须经领票人、保证人和税务机关签字盖章以后方为有效。

按期缴销发票的,解除保证人的担保义务,或者退还保证金;未按期缴销发票的,由保证人缴纳罚款,或者以保证金缴纳罚款。

(十四)怎样开具、保管发票?

销售货物、提供劳务和从事其他经营活动的单位、个人,对外发生经营业务收取款项,收款方应当向付款方开具发票;收购单位、扣缴义务人向个人支付款项,其他国家税务总局认为需要由付款方向收款方开具发票的,由付款方向收款方开具发票。

所有单位和从事生产、经营活动的个人在购买货物、接受劳务和从事其他经营活动支付款项的时候,应当向收款方取得发票。向消费者个人零售小额商品和提供零星服务的,是否可以免予逐笔开具发票,由省级税务机关确定。取得发票时,不得要求变更品名、金额。

填开发票的单位、个人必须在发生经营业务、确认营业收入的时候开具发票。没有发生经营业务一律不准开具发票。

不符合规定的发票,不得作为财务报销凭证,任何单位、个人都有权拒收。

开具发票应当按照规定的时限、顺序和栏目,全部联次一次性如实开具,必须做到按照号码顺序填开,填写项目齐全,内容真实,字迹清楚,全部联次一次打印,内容完全一致,并在发票联和抵扣联加盖发票专用章。

任何单位、个人不得有下列虚开发票行为：为他人、为自己开具与实际经营业务情况不符的发票，让他人为自己开具与实际经营业务情况不符的发票，介绍他人开具与实际经营业务情况不符的发票。

安装税控装置的单位、个人，应当按照规定使用税控装置开具发票，并按期向税务机关报送开具发票的数据。

使用非税控电子器具开具发票的单位、个人，应当将非税控电子器具使用的软件程序说明资料报税务机关备案，并按照规定保存和报送开具发票的数据。

开具发票以后，发生销货退回，需要开具红字发票的，必须收回原发票，并注明"作废"字样，或者取得对方有效证明；发生销售折让的，必须收回原发票，并注明"作废"字样，重新开具销售发票，或者在取得对方有效证明以后开具红字发票。

任何单位、个人都应当按照发票管理规定使用发票，不得有下列行为：转借、转让、介绍他人转让发票、发票监制章和发票防伪专用品，知道或者应当知道是私自印制、伪造、变造、非法取得或者废止的发票而受让、开具、存放、携带、邮寄和运输上述发票，拆本使用发票，扩大发票使用范围，以其他凭证代替发票使用。

除了国家税务总局规定的特殊情形以外，发票限于领取单位、个人在本省（自治区、直辖市）辖区以内开具。

省级税务机关可以规定跨市、县开具发票的办法。

除了国家税务总局规定的特殊情形以外，任何单位、个人都不得跨越国家税务总局和省级税务机关规定的区域携带、邮寄、运输空白发票。

禁止携带、邮寄和运输空白发票出入中国国境。

开具发票的单位、个人应当建立发票使用登记制度，设置发票登记簿，并定期向税务机关报告发票使用情况。

开具发票的单位、个人应当在办理变更或者注销税务登记的同时，办理发票和发票领取簿的变更、缴销手续。

开具发票的单位、个人应当按照税务机关的规定存放和保管发票，不得擅自损毁。已经开具的发票存根联和发票登记簿，应当保存5年。保存期满，报税务机关查验以后销毁。

使用发票的单位、个人应当妥善保管发票。丢失发票的时候，应当于发现丢失当日书面报告税务机关，并登报声明作废。

（十五）怎样实施发票检查？

税务机关在发票管理中有权实施下列检查：检查印制、领取、开具、取得、保管和缴销发票的情况；调出发票查验；查阅、复制与发票有关的凭证、资料；向当事各方询问与发票有关的问题；在查处发票案件的时候，对于与案件有关的情况和资料，可以记录、录音、录像、照相和复制。

印制、使用发票的单位、个人，必须接受税务机关依法检查，如实反映情况，提供有关资料，不得拒绝和隐瞒。

税务人员实施发票检查的时候，应当出示税务检查证。

税务机关需要将已经开具的发票调出查验的时候，应当向被查验的单位、个人开具发票换票证。发票换票证与调出查验的发票具有同等效力，被调出查验发票的单位、个人不得拒绝接受。发票换票证仅限于在本县（市）使用。需要调出外县（市）发票查验的时候，应当提请该县（市）税务机关调取发票。

税务机关需要将空白发票调出查验的时候，应当开具收据；经查无问题的，应当及时退还。

单位、个人从中国境外取得的与纳税有关的发票和其他凭证，税务机关在纳税审查的时候有疑义的，可以要求其提供中国境外公证机构或者注册会计师的确认证明，经税务机关审核认可以后才能作为记账和核算的凭证。

税务机关在发票检查中需要核对发票存根联与发票联填写情况的时候，可以向持有发票或者发票存根联的单位发出发票填写情况核对卡,有关单位应当如实填写,按期报回。

用票单位、个人有权申请税务机关鉴别发票的真伪。收到申请的税务机关应当受理并负责鉴别发票的真伪;鉴别有困难的,可以提请发票监制税务机关协助鉴别。在伪造、变造现场和买卖地、存放地查获的发票,由当地税务机关鉴别。

(十六)怎样管理网络发票?

网络发票是指符合国家税务总局统一标准,并通过国家税务总局和省、自治区、直辖市税务局公布的网络发票管理系统开具的发票。

税务机关应当根据开具发票的单位、个人的经营情况,核定其在线开具网络发票的种类、行业类别和开票限额等内容。

开具发票的单位、个人需要变更网络发票核定内容的,可以向税务机关提出书面申请,经税务机关确认以后变更。

开具发票的单位、个人开具网络发票,应当登录网络发票管理系统,如实完整填写发票的相关内容,确认保存以后打印发票。

开具发票的单位、个人在线开具的网络发票,经系统自动保存数据以后,即完成开票信息的确认和查验。

单位、个人取得网络发票的时候,应当及时查询验证网络发票信息的真实性和完整性。不符合规定的发票不得作为财务报销凭证,任何单位、个人有权拒收。

开具发票的单位、个人需要开具红字发票的,必须收回原网络发票全部联次或者取得受票方出具的有效证明,通过网络发票管理系统开具金额为负数的红字网络发票。

开具发票的单位、个人作废开具的网络发票,应当收回原网络发票全部联次,注明"作废",并在网络发票管理系统中作出相应处理。

开具发票的单位、个人应当在办理变更、注销税务登记的同时,办理网络发票管理系统的用户变更、注销手续,并缴销空白发票。

税务机关根据发票管理的需要,可以按照国家税务总局的规定,委托其他单位通过网络发票管理系统代开网络发票。

税务机关应当与受托代开发票的单位签订协议,明确代开网络发票的种类、对象、内容和相关责任等内容。

开具发票的单位、个人必须如实在线开具网络发票,不得利用网络发票从事转借、转让、虚开发票和其他违法活动。

开具发票的单位、个人在网络出现故障,无法在线开具发票的时候,可以离线开具发票。

开具发票以后,不得改动开票信息,应当在48小时以内上传开票信息。

省以上税务机关在确保网络发票电子信息正确生成、可靠存储、查询验证和安全唯一等条件的情况下,可以试行电子发票。

(十七)什么是纳税申报?

纳税申报是纳税人、扣缴义务人依法向税务机关提交有关纳税事项书面报告的一项制度。

下列纳税人、扣缴义务人需要办理纳税申报:从事生产、经营并实行独立经济核算的企业和其他单位;经市场监管部门批准营业的个体工商户;国家机关、部队、社会团体和事业单位等,从事生产、经营,负有纳税义务的;其他单位、个人,如应当缴纳房产税的单位、个人;负有代扣代缴税款、代收代缴税款义务的单位、个人。

纳税申报的主要方式是直接申报、邮寄申报和电子申报,纳税人也可以委托他人代理纳税申报。

纳税申报的期限因各种税的征税对象、征收环节等不同而不尽一致;即使是同一个税种,每个纳税人的纳税申报期限也不尽一致,中国现行税收法律、行政法规对此都有原则的规定。例如,增值税暂行条例中规定:纳税人以1个月、1个季度为1个纳税期的，自期满之日起15天以内申报纳税。

采取简易申报方式的定期定额户，在规定期限以内通过财税库银电子缴税系统批量扣税和委托银行扣缴核定税款的，当期可以不办理纳税申报手续，以缴代报。

（十八）怎样办理纳税申报？

纳税申报的基本规定如下：

1. 纳税人应当按照法律、行政法规或者税务机关按照法律、行政法规确定的申报期限和申报内容，如实办理纳税申报，向税务机关报送纳税申报表、财务会计报表和税务机关根据实际需要要求纳税人报送的其他纳税资料（如财务会计报表及其说明材料，与纳税有关的合同、协议书和凭证，税控装置的电子报税资料，外出经营活动税收管理证明和异地完税凭证，公证机构出具的有关证明等）。

扣缴义务人应当按照法律、行政法规或者税务机关按照法律、行政法规确定的申报期限和申报内容，如实向税务机关报送代扣代缴、代收代缴税款报告表，代扣代缴、代收代缴税款的合法凭证，以及税务机关根据实际需要要求扣缴义务人报送的其他有关资料（如与代扣代缴、代收代缴税款有关的经济合同等）。

2. 纳税人可以直接到税务机关办理纳税申报，扣缴义务人可以直接到税务机关报送代扣代缴、代收代缴税款报告表；纳税人、扣缴义务人也可以按照规定采取邮寄、数据电文（指税务机关确定的电话语音、电子数据交换和网络传输等电子方式）和其他方式（如委托他人代理）办理上述事宜。

3. 实行定期定额缴纳税款的纳税人，可以实行简易申报、简并征期等申报纳税方式。

简易申报是指实行定期定额缴纳税款的纳税人在法律、行政法规规定的期限或者在税务机关按照法律、行政法规的规定确定的期限以内缴纳税款的，可以视同申报。

简并征期是指实行定期定额缴纳税款的纳税人,经过税务机关批准,可以采取将纳税期限合并为按季、半年、年的方式缴纳税款,具体期限由各省级税务机关根据具体情况确定。

4. 纳税人在纳税期内没有应纳税款的,也应当按照规定办理纳税申报。

纳税人享受免税、减税待遇的,在免税、减税期间也应当按照规定办理纳税申报。

(十九) 不能按期办理纳税申报怎么办?

纳税人、扣缴义务人按照规定的期限办理纳税申报或者报送代扣代缴、代收代缴税款报告表确有困难(如受到不可抗力的影响、财务会计处理上有特殊情况等),需要延期的,应当在规定的期限以内向税务机关书面申请延期;经过税务机关核准,可以在核准的期限(一般不超过3个月)以内办理。

经过核准延期办理上述申报、报送事项的,应当在纳税期以内按照上期实际缴纳的税额或者税务机关核定的税额预缴税款,并在核准的延期内办理税款结算。结算的时候,预缴税额大于应纳税额的,税务机关退还多缴的税款,但是不支付利息;预缴税额小于应纳税额的,税务机关补征少缴的税款,但是不加收滞纳金。

纳税人、扣缴义务人由于不可抗力,不能按期办理纳税申报或者报送代扣代缴、代收代缴税款报告表的,可以延期办理。但是,应当在不可抗力情形消除以后立即向税务机关报告。税务机关应当查明事实,予以核准。

(二十) 海关报税有哪些基本规定?

海关报税的基本规定如下:

1. 进口货物的纳税人应当自运输工具申报进境之日起14日以内;出口货物的纳税人除了海关特准的以外,应当在货物运抵海关监管区以后、装货的24小时以前,向货物的进出境地海关申报。

2. 纳税人应当依法如实向海关申报，并按照海关的规定提供有关确定完税价格、商品归类、确定原产地和采取反倾销、反补贴、保障措施等所需的资料。

3. 纳税人应当按照进出口税则规定的目录条文和归类总规则、类注、章注、子目注释和其他归类注释，对其申报的进出口货物进行商品归类，并归入相应的税则号列。海关应当依法审核确定该货物的商品归类。

4. 海关应当按照法律、行政法规和海关规章，审核纳税人申报的进出口货物商品名称、规格型号、税则号列、原产地、价格、成交条件和数量等资料。

经审核，海关发现纳税人申报的进出口货物税则号列有误的，应当按照商品归类的有关规则、规定重新确定；发现纳税人申报的进出口货物价格不符合成交价格条件，或者成交价格不能确定的，应当按照审定进出口货物完税价格的有关规定另行估价；发现纳税人申报的进出口货物原产地有误的，应当通过审核纳税人提供的原产地证明、实际查验货物和审核其他相关单证等方法，按照海关原产地管理的有关规定确定；发现纳税人提交的减税、免税申请和申报的内容不符合有关减税、免税规定的，应当按照规定计征税款。

纳税人违反海关规定，涉嫌伪报、瞒报的，应当按照规定移交海关缉私部门处理。

5. 海关为审查申报价格的真实性和准确性，可以查阅、复制与进出口货物有关的合同、发票、账册、结付汇凭证、单据、业务函电、录音录像制品和其他反映买卖双方关系及交易活动的资料。

海关对纳税人申报的价格有怀疑并且所涉关税数额较大的，经过直属海关关长或者其授权的隶属海关关长批准，凭海关总署统一格式的协助查询账户通知书和有关工作人员的工作证件，可以查询纳税人在银行和其他金融机构开立的单位账户的资金往来情况，并向银行业监督管理机构通报有关情况。

6. 海关对纳税人申报的价格有怀疑的，应当将怀疑的理由书面告知纳税人，要求其在规定的期限以内书面作出说明，提供有关资料。

纳税人在规定的期限以内没有作出说明、提供有关资料的，或者海关仍然有理由怀疑申报价格的真实性、准确性的，海关可以不接受纳税人申报的价格，并按照规定估定完税价格。

7. 海关审查确定进出口货物的完税价格以后，纳税人可以以书面形式要求海关就如何确定其进出口货物的完税价格作出书面说明，海关应当向纳税人作出书面说明。

（二十一）税款怎样征收、缴纳？

税务机关应当按照法律、行政法规征收税款，不得违反法律、行政法规开征、停征、多征、少征、提前征收、延缓征收和摊派税款。

税务机关可以采取查账征收、定期定额征收、核定征收、代扣代缴和代收代缴等方式征收税款；县级以上税务机关还可以根据有利于税收控管和方便纳税的原则，按照国家的有关规定委托有关单位、人员代征零星、分散和异地缴纳的税收。

税务机关应当按照规定的税收征收管理范围、税款入库预算科目和预算级次将征收的各项税款、滞纳金和罚款及时缴入国库，不得占压、挪用和截留，不得缴入国库以外和国家规定的税款账户以外的任何账户。

纳税人、扣缴义务人应当分别按照法律、行政法规或者税务机关按照法律、行政法规确定的期限，缴纳或者解缴税款。

税务机关在征收税款的时候，必须给纳税人开具完税凭证。

扣缴义务人在代扣、代收税款的时候，纳税人要求扣缴义务人开具代扣、代收税款凭证的，扣缴义务人应当开具。

（二十二）什么是查账征收、核定征收和定期定额征收？

查账征收是纳税人依法报送纳税资料，经税务机关审核以后缴纳税款的一种征税方式。其做法是：纳税人在税务机关规定的纳税期限以内，根据自己的生产、经营情况，填写纳税申报表、财务会计报表和其他有关资料，向税务机关办理纳税申报；税务机关对上述资料审核以后合格的，填开税收缴款书交纳税人；纳税人持税收缴款书向国库缴纳税款。这是目前中国广泛采用的一种征税方式。在实行这种征税方式时候，要求纳税人的会计核算资料齐全、真实、准确，纳税人的法制观念比较强，有专门的办税人员，并经过税务机关审查批准。

核定征收是由税务机关审核确定纳税人的应纳税额或者收入额、所得率等，据以征收税款的一种方式。核定征收主要包括定额征收、核定应税所得率征收和核定收入额征收等征收方式。定额征收是指税务机关直接核定纳税人的应纳税额，由纳税人按照规定申报纳税；核定应税所得率征收是指税务机关预先核定纳税人的应税所得率，由纳税人根据纳税年度内的收入总额或者成本、费用等项目的实际发生额，按照预先核定的应税所得率计算缴纳所得税；核定收入额征收是指税务机关直接核定纳税人的销售（营业）额，据以征税。

定期定额征收是税务机关按照法律、法规，按照规定程序，核定纳税人在一定经营地点、经营时期和经营范围以内的应纳税经营额（经营数量）或者所得额，并以此为计税依据，确定其应纳税额的一种征收方式。这种征收方式适用于经税务机关认定和县以上税务机关批准的生产、经营规模小，达不到国家税务总局发布的《个体工商户建账管理暂行办法》规定设置账簿标准的个体工商户，个人独资企业可以参照办理。虽然设立账簿，但是账目混乱，或者成本资料、收入和费用凭证残缺不全，难以查账的个体工商户，也可以实行这种征收办法。

(二十三) 什么是代扣代缴、代收代缴和委托代征？

代扣代缴是法定负有扣缴税款义务的单位和个人，按照税法代税务机关从支付给纳税人的收入中扣除其应纳税款，并将代扣的税款解缴税务机关的一种征税方式。例如，个人所得税法中规定：个人所得税以所得人为纳税人，以支付所得的单位和个人为扣缴义务人。

代收代缴是法定负有代收代缴税款义务的单位和个人，按照税法代税务机关向纳税人收取其应纳税款，并将代收的税款解缴税务机关的一种征税方式。例如，从事机动车第三者责任强制保险业务的保险机构应当在收取保险费的时候依法代收车船税。

委托代征是税务机关委托有关单位和个人，按照税法、委托协议和税务机关的要求，代税务机关征收税款的一种征税方式。

税务机关应当对负有代扣代缴、代收代缴义务的扣缴义务人办理扣缴税款登记，核发扣缴税款登记证件。扣缴义务人应当按照法律、行政法规的规定履行代扣、代收税款的义务。对法律、行政法规没有规定负有代扣代缴、代收代缴税款义务的单位、个人，税务机关不得要求履行代扣代缴、代收代缴税款义务。

负有代扣代缴义务的单位、个人，应当在支付款项的时候，依法将取得款项的纳税人应当缴纳的税款代为扣缴。纳税人拒绝扣缴税款的，扣缴义务人应当暂停支付相当于纳税人应纳税款的款项，并报告税务机关。

负有代收代缴义务的单位、个人，应当在收取款项的时候，依法将支付款项的纳税人应当缴纳的税款代为收缴。纳税人拒绝给付的，扣缴义务人应当报告税务机关。

代征人按照税务机关的要求，以税务机关的名义依法征收税款。纳税人拒绝纳税的，代征人应当报告税务机关。

(二十四) 不能按期纳税怎么办？

纳税人没有按照规定期限缴纳税款的，扣缴义务人没有按照规定期限解缴税款的，由税务机关发出《限期纳税通知书》，责令其限期（最多以5天为限）缴纳、解缴税款，并自规定的税款缴纳期限届满次日起至纳税人、扣缴义务人实际缴纳、解缴税款之日止，按日加收滞纳税款0.5‰的滞纳金。

如果纳税人有特殊困难（指因不可抗力，导致纳税人发生较大损失，正常的生产、经营活动受到较大影响的；纳税人当期的货币资金在扣除应付职工工资、社会保险费以后不足以缴纳税款的），不能按期缴纳税款，应当在规定的缴纳期限以内向税务机关书面申请延期纳税，并提供有关资料、证明。经过当地省级税务机关批准，可以延期缴纳税款，并免缴滞纳金，但是最长不能超过3个月。

关税的纳税人因不可抗力和国家税收政策调整不能按期缴纳税款的，按照规定提供税款担保以后，可以延期缴纳税款。延期缴纳税款的期限，自货物放行之日起最长不超过6个月。

（二十五）纳税人、扣缴义务人在纳税问题上同税务机关有争议怎么办？

纳税人、扣缴义务人和纳税担保人对税务机关确定纳税主体、征税对象、征税范围、免税、减税、退税、适用税率、计税依据、纳税环节、纳税期限、纳税地点和税款征收方式等具体行政行为有异议，与税务机关发生争议的，应当先按照税务机关的纳税决定缴纳、解缴税款、滞纳金，或者提供相应的担保，然后可以依法申请行政复议。对行政复议决定不服的，可以依法向人民法院起诉。

（二十六）税务机关在什么情况下可以核定纳税人的应纳税额？

纳税人有下列情形之一的，税务机关有权核定其应纳税额：按照法律、行政法规可以不设置账簿的；按照法律、行政法规应当设置账簿，但是没有设置账簿的；擅自销毁账簿，拒不提供纳税资料的；虽然设置账簿，但是账目混乱或者成本资料、收入凭证、费用凭证残缺不全，难以查账的；发生纳税义务，没有按照规定的期限办理纳税申报，经过税务机关责令限期申报，逾期仍然不申报的；纳税人申报的计税依据明显偏低，又无正当理由的；没有按照规定办理税务登记的从事生产、经营的纳税人，临时从事经营的纳税人。

税务机关在核定纳税人的应纳税额的时候，可以参照当地同行业或者类似行业中经营规模和收入水平相近的纳税人的税负水平核定，按照营业收入或者成本加合理的费用和利润的方法核定，按照耗用的原材料、燃料和动力等推测核定，或者按照其他合理方式核定。如果采用1种方法不能正确地核定应纳税额，可以同时采用2种以上的方法核定。

纳税人对税务机关采取上述方法核定的应纳税额有异议的，应当提供相关的证据，经过税务机关认定以后调整应纳税额。

(二十七) 关联企业之间的业务往来应当怎样定价？

企业和外国企业在中国境内设立的从事生产、经营的机构、场所与其关联企业（指在资金、经营和购销等方面存在直接或者间接的拥有或者控制关系等情况的企业）之间的业务往来，应当按照独立企业之间的业务往来（即无关联关系的企业之间按照公平成交价格和营业常规所进行的业务往来）收取或者支付价款、费用。不按照独立企业之间的业务往来收取或者支付价款、费用，从而减少其应纳税的收入、所得的，税务机关可以合理调整。

纳税人可以向税务机关提出与其关联企业之间的业务往来的定价原则和计算方法，税务机关审核、批准以后，与纳税人预先约定有关定价事项，监督纳税人执行。

纳税人与其关联企业之间的业务往来有下列情形之一的，税务机关可以调整其应纳税额：购销业务没有按照独立企业之间的业务往来作价；融通资金所支付的利息超过或者收取的利息低于没有关联关系的企业之间所能同意的数额,或者利率超过或者低于同类业务的正常利率;提供劳务没有按照独立企业之间的业务往来收取或者支付费用;转让财产、提供财产使用权等业务往来没有按照独立企业之间的业务往来作价或者收取、支付费用;没有按照独立企业之间的业务往来作价的其他情形。

纳税人与其关联企业之间的业务往来有上述情形之一的,税务机关可以按照下列方法调整其计税收入、所得额:按照独立企业之间从事相同或者类似业务活动的价格,按照再销售给无关联关系的第三者的价格应当取得的收入和利润水平,按照成本加合理的费用和利润,按照其他合理方法。

纳税人与其关联企业之间的业务往来没有按照独立企业之间的业务往来支付价款、费用的,税务机关可以自该业务往来发生的纳税年度起3年以内调整。纳税人在以前年度与其关联企业之间的业务往来累计达到10万元以上的;经过税务机关案头审计分析,纳税人在以前年度与其关联企业之间的业务往来,预计需要调增其应纳税收入或者所得额达到50万元以上的;纳税人在以前年度与设在避税地的关联企业有业务往来的;纳税人在以前年度没有按照规定进行关联企业之间业务往来年度申报,或者经过税务机关审查核实,关联企业之间业务往来年度申报内容不实,不履行提供有关价格、费用标准等资料义务的,可以自该业务往来发生的年度起10年以内调整。

(二十八)什么是税收保全措施?征收机关在什么情况下可以采取这种措施?

税务机关有根据认为从事生产、经营的纳税人有逃避纳税义务行为的,可以在规定的纳税期以前,责令纳税人限期缴纳应纳税款。在限期以内发现纳税人有明显的转移、隐匿其应纳税的商品、货物、其他财产和应纳税的收入的迹象的,税务机关可以责成纳税人提供纳税担保。如果纳税人不能提供纳税担保,经过县级以上税务局局长批准，税务机关可以采取下列税收保全措施：书面通知纳税人开户银行和其他金融机构冻结纳税人的金额相当于应纳税款的存款，扣押、查封纳税人的价值相当于应纳税款的商品、货物和其他财产。

纳税人在税务机关采取税收保全措施以后按照规定的限期缴纳税款的，税务机关应当自收到税款或者银行转回的完税凭证之日起1日以内解除税收保全措施。限期期满仍然没有缴纳税款的，经过县级以上税务局局长批准，税务机关可以书面通知纳税人开户银行和其他金融机构从其冻结的存款中扣缴应纳税款；或者依法拍卖、变卖所扣押、查封的商品、货物和其他财产，以拍卖或者变卖所得抵缴应纳税款。

个人及其所扶养家属维持生活必需的住房和用品，不在税收保全措施的范围以内。

税务机关采取税收保全措施的期限一般不得超过6个月；遇有重大案件，需要延长税收保全措施期限的，应当报国家税务总局批准。

进出口货物的纳税人在规定的纳税限期以内有明显的转移、隐匿其应税货物和其他财产的迹象的，海关可以责令纳税人提供纳税担保；纳税人不能提供纳税担保的，经过海关总署直属海关关长或其授权的隶属海关关长批准，海关可以采取下列税收保全措施：书面通知纳税人开户银行和其他金融机构冻结纳税人的金额相当于应纳税款的存款，扣留纳税人价值相当于应纳税款的货物和其他财产。

纳税人在规定的期限以内缴纳应纳税款的，海关必须立即解除税收保全措施；期限届满仍然没有缴纳应纳税款的，经过海关总署直属海关关长或其授权的隶属海关关长批准，海关可以书面通知纳税人开户银行和其他金融机构从其冻结的存款中扣缴应纳税款；或者依法变卖所扣留的货物和其他财产，以变卖所得抵缴应纳税款。

(二十九）什么是税收强制执行措施？征收机关在什么情况下可以采取这种措施？

从事生产、经营的纳税人、扣缴义务人没有按照规定的期限缴纳或者解缴税款，纳税担保人没有按照规定的期限缴纳所担保的税款，由税务机关发出限期缴纳税款通知书，责令缴纳或者解缴税款的最长期限不得超过 15 日。逾期仍然没有缴纳的，经过县级以上税务局局长批准，税务机关可以采取下列税收强制执行措施：书面通知纳税人、扣缴义务人、纳税担保人的开户银行和其他金融机构从纳税人、扣缴义务人、纳税担保人的存款中扣缴应纳税款；依法扣押、查封、拍卖、变卖纳税人、扣缴义务人和纳税担保人的价值相当于应纳税款的商品、货物和其他财产，以拍卖、变卖所得抵缴应纳税款。

对于价值超过应纳税额且不可分割的商品、货物和其他财产，税务机关在纳税人、扣缴义务人和纳税担保人没有其他可供强制执行的财产的情况下，可以整体扣押、查封和拍卖。

税务机关在采取税收强制执行措施的时候，对纳税人、扣缴义务人和纳税担保人没有缴纳的滞纳金同时强制执行。

拍卖、变卖所得抵缴应纳税款、滞纳金、罚款和拍卖、变卖等费用以后，剩余部分应当在 3 日以内退还被执行人。

个人及其所扶养家属维持生活必需的住房和用品，不在税收强制执行措施的范围以内。

税务机关滥用职权，违法采取税收保全措施、强制执行措施，或者采取税收保全措施和强制执行措施不当，使纳税人、扣缴义务人和纳税担保人的合法权益遭受损失的，应当依法承担赔偿责任。

当事人对税务机关采取的税收保全措施、强制执行措施不服的，可以依法申请行政复议，或者向人民法院起诉。

进出口货物的纳税人、担保人逾期 3 个月没有按照规定纳税的，经过海关总署直属海关关长或其授权的隶属海关关长批准，海关可以采取下列税收强制措施：书面通知纳税人、担保人的开户银行和其他金融机构从纳税人、担保人的存款中扣缴税款；将应税货物依法变卖，以变卖所得抵缴应纳税款；扣留并依法变卖纳税人、担保人的价值相当于应纳税款的货物和其他财产，以变卖所得抵缴应纳税款。

海关在采取税收强制措施的时候，对纳税人、担保人没有缴纳的滞纳金同时强制执行。

（三十）怎样处理欠税？

欠税是指纳税人超过税收收法律、法规规定或税务机关依照税收法律、法规规定的纳税期限，未缴、少缴税款的行为。

税务机关征收税款，税收优先于无担保债权，法律另有规定的除外。纳税人欠缴的税款发生在纳税人以其财产设定抵押、质押和纳税人的财产被留置以前，税收应当先于抵押权、质权和留置权执行。

纳税人欠缴税款，同时被行政机关决定处以罚款和没收违法所得的，税收优先于罚款和没收违法所得。

县级以上各级税务机关应当定期将纳税人欠缴税款的情况在办税场所或者广播、电视、报刊和网络等新闻媒体上予以公告，海关也可以公告关税纳税人欠缴税款的情况。

纳税人有欠税情形而以其财产设定抵押、质押的，应当向抵押权人、质权人说明其欠税情况。抵押权人、质权人可以请求税务机关提供有关的欠税情况。

纳税人有合并、分立情形的，应当向税务机关报告，并依法缴清税款。纳税人在合并的时候没有缴清税款的，应当由合并以后的纳税人继续履行没有履行的纳税义务。纳税人在分立的时候没有缴清税款的，分立以后的纳税人对于没有履行的纳税义务应当承担连带责任。

欠缴税款5万元以上的纳税人在处分其不动产和大额资产以前，应当向税务机关报告。

欠缴税款的纳税人由于怠于行使到期债权，放弃到期债权，无偿转让财产，以明显不合理的低价转让财产而受让人知道该情形，对于税收造成损害的，税务机关可以按照《中华人民共和国合同法》的有关规定行使代位权、撤销权。税务机关依法行使上述权力的，不免除欠缴税款的纳税人尚未履行的纳税义务和应当承担的法律责任。

纳税人有解散、撤销和破产情形的，应当在清算以前报告税务机关；没有结清税款的，由税务机关参加清算。

欠缴关税的纳税人有合并、分立情形的，应当在合并、分立以前报告海关，依法缴清税款。纳税人在合并的时候没有缴清税款的，应当由合并以后的法人和其他组织继续履行没有履行的纳税义务。纳税人在分立的时候没有缴清税款的，分立以后的法人和其他组织应当对没有履行的纳税义务承担连带责任。

欠缴税款的纳税人或者其代表人需要出境的时候，应当在出境以前向税务机关结清应纳税款、滞纳金，或者提供纳税担保。经过税务机关调查核实，欠税人没有按照规定结清应纳税款、滞纳金，又没有提供纳税担保，且准备出境的，税务机关应当首先依法向欠税人申明不准出境。对于已经取得出境证件，执意出境的，税务机关可以按照规定函请公安机关阻止其出境。

（三十一）多缴、少缴的税款怎样处理？

纳税人超过应纳税额缴纳的税款，税务机关应当自发现之日起10日以内办理退还手续。纳税人自结算缴纳税款之日起3年以内发现的，可以向税务机关要求退还多缴的税款，并加算银行同期存款利息。税务机关应当自接到纳税人提交的退税申请之日起30日以内查实，并办理退还手续，退税利息按照税务机关办理退税手续当天中国人民银行规定的活期存款利率计算。上述多缴的税款不包括依法预缴税款而形成的结算退税、出口退税和免税、减税退税。

如果纳税人既有应退税款，又有欠缴税款，税务机关可以先从应退税款及其利息中抵扣欠缴税款；抵扣以后有余额的，应当退还纳税人。

由于税务机关适用税收法律、行政法规不当，或者执法行为违法，致使纳税人、扣缴义务人未缴、少缴税款的，税务机关在3年以内可以要求纳税人、扣缴义务人补缴税款，但是不得加收滞纳金。

由于纳税人、扣缴义务人计算错误等失误，未缴、少缴，未扣、少扣，未收、少收税款的，税务机关在3年以内可以追征税款、滞纳金。涉及税款累计10万元以上的，追征期可以延长到5年。纳税人不进行纳税申报造成不缴、少缴税款的，也按此处理。

对于偷税、抗税和骗税的，税务机关追征其未缴、少缴的税款、滞纳金和所骗取的税款，不受上述规定期限的限制。

补缴和追征税款、滞纳金的期限，自纳税人、扣缴义务人应缴未缴或者少缴税款之日起计算。

海关发现多征税款的，应当立即通知纳税人办理退还手续。纳税人应当自收到海关通知之日起3个月以内办理有关退税手续。纳税人发现多缴税款的，自缴纳税款之日起1年以内，可以以书面形式要求海关退还多缴的税款，并加算银行同期活期存款利息。应退利息按照海关填发收入退还书之日中国人民银行规定的活期储蓄存款利率计算，计算应退利息的期限自纳税人缴纳税款之日起至海关填发收入退还书之日止。海关应当自受理纳税人提交的退税申请之日起30日以内查实，并通知纳税人办理退还手续。纳税人应当自收到通知之日起3个月以内办理有关退税手续。

进出口货物放行以后，海关发现少征、漏征税款的，应当自缴纳税款或者货物放行之日起1年以内向纳税人补征。由于纳税人违反规定而造成少征、漏征税款的，海关可以自缴纳税款或者货物放行之日起3年以内追征，并自缴纳税款或者货物放行之日起至海关发现纳税人的违规行为之日止，按日加收少征、漏征税款的滞纳金。

(三十二) 税务机关有权实施哪些税务检查？

税务检查是税务机关依法对纳税人、扣缴义务人的税务事项实施的检查。税务机关有权实施下列税务检查：

1. 检查纳税人的账簿、记账凭证、报表和有关资料，检查扣缴义务人代扣代缴、代收代缴税款账簿、记账凭证和有关资料。

2. 到纳税人的生产、经营场所和货物存放地检查纳税人应纳税的商品、货物和其他财产，检查扣缴义务人与代扣代缴、代收代缴税款有关的经营情况。

3. 责成纳税人提供与纳税有关的文件、证明材料和有关资料，责成扣缴义务人提供与代扣代缴、代收代缴税款有关的文件、证明材料等资料。

4. 询问纳税人与纳税有关的问题，询问扣缴义务人与代扣代缴、代收代缴税款有关的问题。

5. 到车站、码头、机场、邮政企业及其分支机构检查纳税人托运、邮寄应纳税商品、货物和其他财产的有关单据、凭证等资料。

6. 经过县级以上税务局局长批准，指定专人负责，凭全国统一格式的检查存款账户许可证明，查询从事生产、经营的纳税人、扣缴义务人在银行和其他金融机构的存款账户余额和资金往来情况。税务机关在调查税收违法案件的时候，经过设区的市、自治州、盟、地区和直辖市的区以上税务局局长批准，可以查询案件涉嫌人员的储蓄存款。

7. 对于采用电算化会计系统的纳税人，税务机关有权查验其会计电算化系统；对于纳税人会计电算化系统处理、储存的会计记录和其他有关的纳税资料，税务机关有权进入其电算化系统检查，并复制与纳税有关的电子数据作为证据。

税务机关派出人员实施税务检查的时候，应当出示税务检查证和税务检查通知书，并有责任为被检查人保守秘密。

税务机关对于从事生产、经营的纳税人以前纳税期的纳税情况依法检查的时候，发现纳税人有逃避纳税义务行为，并有明显的转移、隐匿其应纳税的商品、货物和其他财产或者应纳税的收入的迹象的，可以依法采取税收保全措施或者强制执行措施。

纳税人、扣缴义务人应当接受税务机关依法实施的税务检查，如实反映情况，提供有关资料，不得拒绝、隐瞒。

税务机关在依法实施税务检查的时候，有权向有关单位、个人调查纳税人、扣缴义务人和其他当事人与纳税、代扣代缴税款和代收代缴税款有关的情况，有关单位、个人有义务向税务机关如实提供有关资料和证明材料。

二十一、税收法律责任

(一) 什么是税收违法行为？怎样处罚？

税收违法行为是违反税收法律、法规的行为。税收违法的法律责任应当由违反税收法律、法规和规章的主体——征纳双方当事人（包括税务机关、税务人员、纳税人、扣缴义务人和其他公民、组织）承担，以行政处罚、行政处分和刑事处罚制裁。

税收行政处罚是指依法享有税收行政处罚权的税务机关对于违反税法，尚未构成犯罪的纳税人、扣缴义务人和其他当事人给予行政制裁的具体行政行为。税收行政处罚必须以税收法律、法规为依据，并以被处罚对象违反税法为前提，处罚的目的是维护国家的税收法制和财政收入。税收行政处罚权一般由税务机关行使，被处罚对象是违反税法的纳税人、扣缴义务人和其他当事人。税收行政处罚由税法规定并由税务机关作出，处罚的基本形式是罚款；处罚的种类主要有财产处罚（如罚款）、能力处罚（如停止办理出口退税）、申诫处罚（如责令限期改正或缴纳）、经济处罚（如没收违法所得）和自由处罚（如对未依法缴清税款者限制其出境）等。

税收行政处分是指税务机关按照行政隶属关系，对于有轻微违反税法失职行为，尚不够刑事处罚的税务人员的行政制裁，其主要方式有警告、记过、记大过、降级、撤职和开除6种。

税收刑事处罚是司法机关对于违反税法并构成犯罪的税收法律关系主体按照《中华人民共和国刑法》的规定实施的刑事制裁。这是最为严厉的一种税收法律责任形式。税收刑事处罚的目的是：

通过惩罚与教育、改造相结合，改造罪犯，预防犯罪。中国税收刑事处罚的种类由《中华人民共和国刑法》规定，目前有5种主刑，即死刑、无期徒刑、有期徒刑、拘役和管制；3种附加刑，即罚金、剥夺政治权利和没收财产，具体适用种类由人民法院作出判决。对于自然人的税收犯罪可以采用上述各种处罚形式，对于法人的税收犯罪只能采用罚金和没收财产的附加刑形式，但是对其责任人可以采用上述各类主刑处罚。

（二）纳税人有未依法办理税务登记，设置、保管账簿和凭证，报送财会制度，使用税务登记证等行为的，怎样处罚？

纳税人有下列行为之一的，由税务机关责令限期改正，可以处2000元以下罚款；情节严重的，处2000元以上1万元以下罚款：

1. 没有按照法定期限申报办理税务登记、变更登记和注销登记的，没有依法办理出口货物退（免）税认定、变更和注销认定手续的。

2. 没有依法设置、保管账簿，保管记账凭证和有关资料的。

隐匿、故意销毁依法应当保存的会计凭证、会计账簿和财务会计报告，情节严重的，处5年以下有期徒刑或者拘役，并处或者单处2万元以上20万元以下罚金。单位犯此罪的，对单位判处罚金，并对其直接负责的主管人员和其他直接责任人员按照上述规定处罚。

3. 没有依法将财务、会计制度或者财务、会计处理办法和会计核算软件报送税务机关备查的。

4. 没有依法将全部银行账号向税务机关报告的。

5. 没有依法安装、使用税控装置和损毁、擅自改动税控装置的。

纳税人不办理税务登记的，由税务机关责令限期改正；逾期不改正的，由税务机关提请市场监管机关吊销其营业执照。

纳税人没有依法使用税务登记证件，转借、涂改、损毁、买卖和伪造税务登记证件的,处 2000 元以上 1 万元以下罚款;情节严重的,处 1 万元以上 5 万元以下罚款。

纳税人通过提供虚假的证明资料等手段骗取税务登记证的,处 2000 元以下罚款;情节严重的,处 2000 元以上 1 万元以下罚款。

纳税人违反税务登记管理办法的规定,拒不接受税务机关处理的,税务机关可以收缴其发票,或者停止向其发放发票。

(三) 扣缴义务人未依法办理登记,设置、保管账簿和凭证的,怎样处罚?

扣缴义务人没有依法办理扣缴税款登记的,税务机关应当自发现之日起 3 日以内责令其限期改正,可以处 1000 元以下罚款。

扣缴义务人没有依法设置、保管代扣代缴、代收代缴税款账簿,保管代扣代缴、代收代缴税款记账凭证和有关资料的,由税务机关责令限期改正,可以处 2000 元以下罚款;情节严重的,处 2000 元以上 5000 元以下罚款。

扣缴义务人违反税务登记管理办法的规定,拒不接受税务机关处理的,税务机关可以收缴其发票,或者停止向其发放发票。

(四) 违反发票管理法规,未构成犯罪的,怎样处理?

违反发票管理法规,未构成犯罪的,按照下列规定处理:

1. 纳税人违反发票管理办法,有下列情形之一的,由税务机关责令改正,可以处 1 万元以下罚款;有违法所得的,没收违法所得:应当开具而没有开具发票;或者没有按照规定的时限、顺序和栏目,全部联次一次性开具发票;或者没有加盖发票专用章的。使用税控装置开具发票,没有按期向税务机关报送开具发票的数据的。使用非税控电子器具开具发票,没有将非税控电子器具使用的软件程序说明资料报税务机关备案,或者没有按照规定保存、报送开具发票的数据的。拆本使用发票的。扩大发票使用范围的。以其他凭证代替发票使用的。跨规定区域开具发票的。没有依法缴销、存放和保管发票的。

2. 跨规定的使用区域携带、邮寄和运输空白发票，携带、邮寄和运输空白发票出入中国国境的，由税务机关责令改正，可以处1万元以下罚款；情节严重的，处1万元以上3万元以下的罚款；有违法所得的，没收违法所得。丢失发票、擅自损毁发票的，按照上述规定处罚。

3. 违反发票管理办法虚开发票的，由税务机关没收违法所得；虚开金额在1万元以下的，可以并处5万元以下罚款；虚开金额超过1万元的，并处5万元以上50万元以下的罚款；构成犯罪的，依法追究刑事责任。非法代开发票的，按照上述规定处罚。

4. 私自印制、伪造和变造发票，非法制造发票防伪专用品，伪造发票监制章的，由税务机关没收违法所得，没收、销毁作案工具和非法物品，并处1万元以上5万元以下的罚款；除了非法印制发票者以外，情节严重的，并处5万元以上50万元以下的罚款；对于印制发票的企业，可以并处吊销发票准印证；构成犯罪的，依法追究刑事责任。

5. 有下列情形之一的，由税务机关处1万元以上5万元以下的罚款；情节严重的，处5万元以上50万元以下的罚款；有违法所得的，没收违法所得：转借、转让、介绍他人转让发票、发票监制章和发票防伪专用品的，知道或者应当知道是私自印制、伪造、变造、非法取得和废止的发票而受让、开具、存放、携带、邮寄和运输的。

6. 违反发票管理法规，导致其他单位、个人未缴、少缴和骗取税款的，由税务机关没收违法所得，可以并处未缴、少缴和骗取的税款1倍以下罚款。

7. 对于违反发票管理法规情节严重，构成犯罪的案件，税务机关应当依法移送司法机关处理。

此外，对于违反发票管理规定两次以上或者情节严重的单位、个人，税务机关可以向社会公告。

（五）犯虚开增值税专用发票和用于骗取出口退税、抵扣税款的其他发票罪的，怎样处罚？

虚开增值税专用发票和用于骗取出口退税、抵扣税款的其他发票，是指有为他人虚开、为自己虚开、让他人为自己虚开和介绍他人虚开上述发票行为之一的。

个人犯此罪的，处3年以下有期徒刑或者拘役，并处2万元以上20万元以下的罚金；虚开的税款数额较大或者有其他严重情节的，处3年以上10年以下有期徒刑，并处5万元以上50万元以下的罚金；虚开的税款数额巨大或者有其他特别严重情节的，处10年以上有期徒刑或者无期徒刑，并处5万元以上50万元以下的罚金或者没收财产。

单位犯此罪的，对单位判处罚金，并对其直接负责的主管人员和其他直接责任人员处3年以下有期徒刑或者拘役；虚开的税款数额较大或者有其他严重情节的，处3年以上10年以下有期徒刑；虚开的税款数额巨大或者有其他特别严重情节的，处10年以上有期徒刑或者无期徒刑。

个人虚开上述规定以外的其他发票，情节严重的，处2年以下有期徒刑、拘役或者管制，并处罚金；情节特别严重的，处2年以上7年以下有期徒刑，并处罚金。

单位犯此罪的，对单位判处罚金，并按照上述规定处罚其直接负责的主管人员和其他直接责任人员。

（六）犯伪造、出售伪造的增值税专用发票罪的，怎样处罚？

个人犯伪造、出售伪造的增值税专用发票罪的，处3年以下有期徒刑、拘役或者管制，并处2万元以上20万元以下的罚金；数量较大或者有其他严重情节的，处3年以上10年以下有期徒刑，并处5万元以上50万元以下的罚金；数量巨大或者有其他特别严重情节的，处10年以上有期徒刑或者无期徒刑，并处5万元以上50万元以下的罚金或者没收财产。

单位犯此罪的，对单位判处罚金，并对其直接负责的主管人员和其他直接责任人员处3年以下有期徒刑、拘役或者管制；数量较大或者有其他严重情节的，处3年以上10年以下有期徒刑；数量巨大或者有其他特别严重情节的，处10年以上有期徒刑或者无期徒刑。

（七）犯非法出售、购买增值税专用发票罪的，怎样处罚？

个人犯非法出售增值税专用发票罪的，处3年以下有期徒刑、拘役或者管制，并处2万元以上20万元以下的罚金；数量较大的，处3年以上10年以下有期徒刑，并处5万元以上50万元以下的罚金；数量巨大的，处10年以上有期徒刑或者无期徒刑，并处5万元以上50万元以下罚金或者没收财产。

单位犯此罪的，对单位判处罚金，并按照上述规定处罚其直接负责的主管人员和其他直接责任人员。

个人犯非法购买增值税专用发票、伪造的增值税专用发票罪的，处5年以下有期徒刑或者拘役，并处或者单处2万元以上20万元以下的罚金。

个人非法购买增值税专用发票、伪造的增值税专用发票又虚开、出售的，分别按照虚开增值税专用发票、出售伪造的增值税专用发票和非法出售增值税专用发票定罪处罚。

单位犯上述罪的，对单位判处罚金，并按照上述规定处罚其直接负责的主管人员和其他直接责任人员。

（八）犯伪造、擅自制造和出售伪造、擅自制造的可以用于骗取出口退税、抵扣税款的其他发票罪的，怎样处罚？

个人犯伪造、擅自制造和出售伪造、擅自制造的可以用于骗取出口退税、抵扣税款的其他发票，非法出售可以用于骗取出口退税、抵扣税款的其他发票罪的，处3年以下有期徒刑、拘役或者管制，并处2万元以上20万元以下的罚金；数额巨大的，处3年以上7年以下有期徒刑,并处5万元以上50万元以下的罚金;数额特别巨大的,处7年以上有期徒刑,并处5万元以上50万元以下的罚金或者没收财产。

个人犯伪造、擅自制造和出售伪造、擅自制造的上述规定以外的其他发票,非法出售上述规定以外的其他发票罪的,处2年以下有期徒刑、拘役或者管制,并处或者单处1万元以上5万元以下的罚金;情节严重的,处2年以上7年以下有期徒刑,并处5万元以上50万元以下的罚金。

单位犯上述罪的,对单位判处罚金,并按照上述规定处罚其直接负责的主管人员和其他直接责任人员。

(九)犯盗窃增值税专用发票和可以用于骗取出口退税、抵扣税款的其他发票罪的,怎样处罚?

个人盗窃增值税专用发票和可以用于骗取出口退税、抵扣税款的其他发票,数额较大的,或者多次盗窃、入户盗窃、携带凶器盗窃、扒窃的,处3年以下有期徒刑、拘役或者管制,并处或者单处罚金;数额巨大或者有其他严重情节的,处3年以上10年以下有期徒刑,并处罚金;数额特别巨大或者有其他特别严重情节的,处10年以上有期徒刑或者无期徒刑,并处罚金或者没收财产。

(十)犯骗取增值税专用发票和可以用于骗取出口退税、抵扣税款的其他发票罪的,怎样处罚?

个人使用欺骗手段骗取增值税专用发票和可以用于骗取出口退税、抵扣税款的其他发票,数额较大的,处3年以下有期徒刑、拘役或者管制,并处或者单处罚金;数额巨大或者有其他严重情节的,处3年以上10年以下有期徒刑,并处罚金;数额特别巨大或者有其他特别严重情节的,处10年以上有期徒刑或者无期徒刑,并处罚金或者没收财产。

(十一) 犯持有伪造发票罪的，怎样处罚？

个人明知是伪造的发票而持有，数量较大的，处 2 年以下有期徒刑、拘役或者管制，并处罚金；数量巨大的，处 2 年以上 7 年以下有期徒刑，并处罚金。

单位犯此罪的，对单位判处罚金，并按照上述规定处罚其直接负责的主管人员和其他直接责任人员。

(十二) 有伪造、非法出售和非法购买增值税专用发票等行为，未构成犯罪的，怎样处罚？

个人有伪造、出售伪造的增值税专用发票，非法出售增值税专用发票，非法购买增值税专用发票、购买伪造的增值税专用发票，伪造、擅自制造和出售伪造、擅自制造的可以用于骗取出口退税、抵扣税款的其他发票的行为，情节显著轻微，没有构成犯罪的，由公安机关处 15 日以下拘留、5000 元以下的罚款。

(十三) 纳税人未依法办理纳税申报，扣缴义务人未依法报送有关报表的，怎样处罚？

纳税人没有按照法定期限办理纳税申报和报送纳税资料的，扣缴义务人没有按照法定期限向税务机关报送代扣代缴、代收代缴税款报告表和有关资料的，由税务机关责令限期改正，可以处 2000 元以下的罚款；情节严重的，可以处 2000 元以上 1 万元以下的罚款。

进出口货物的品名、税则号列、数量、规格、价格、贸易方式、原产地、启运地、运抵地、最终目的地和其他应当向海关申报的项目，没有申报或者申报不实，影响税款征收的，处漏缴税款 30% 以上 2 倍以下罚款；影响出口退税管理的，处申报价格 10% 以上 50% 以下的罚款；有违法所得的，没收违法所得。

报关企业、报关人员对委托人所提供情况的真实性没有合理审查，或者因工作疏忽致使发生上述情形的，可以对报关企业处货物价值10%以下的罚款,暂停其6个月以内从事报关业务或者执业;情节严重的,撤销其报关注册登记,取消其报关从业资格。

(十四)纳税人、扣缴义务人经税务机关责令限期纳税,仍不缴纳的,怎样处罚?

纳税人在法定期限以内不缴、少缴应纳税款,扣缴义务人在法定期限以内不缴、少缴应解缴税款,经过税务机关责令限期缴纳,逾期仍然没有缴纳的,税务机关除了依法采取强制执行措施追缴其不缴、少缴的税款以外,可以处不缴、少缴税款50%以上5倍以下的罚款。

纳税人拒绝代扣、代收税款的,扣缴义务人应当向税务机关报告,由税务机关直接向纳税人追缴税款、滞纳金;纳税人拒不缴纳的,税务机关除了依法采取强制执行措施追缴其不缴、少缴的税款以外,可以处不缴、少缴税款50%以上5倍以下的罚款。

扣缴义务人应扣未扣、应收未收税款的,由税务机关向纳税人追缴税款,责成扣缴义务人限期补扣、补收应扣未扣、应收未收的税款,对扣缴义务人处应扣未扣、应收未收税款50%以上3倍以下的罚款。

(十五)纳税人、扣缴义务人逃避、拒绝税务机关检查的,怎样处罚?

纳税人、扣缴义务人逃避、拒绝和以其他方式阻挠税务机关检查的;不如实反映情况,提供虚假资料,拒绝提供有关资料的;拒绝、阻止税务机关记录、录音、录像、照相、复制与案件有关的情况、资料的;在税务检查期间转移、隐匿和销毁有关资料的;有不依法接受税务检查的其他情形的,由税务机关责令改正,可以处1万元以下的罚款;情节严重的,可以处1万元以上5万元以下的罚款。

（十六）非法印制、转借、倒卖、变造和伪造完税凭证的，怎样处罚？

非法印制、转借、倒卖、变造和伪造完税凭证的，由税务机关责令改正，处2000元以上1万元以下的罚款；情节严重的，处1万元以上5万元以下的罚款；构成犯罪的，依法追究刑事责任。

（十七）什么是偷税？怎样处罚？

纳税人伪造、变造、隐匿、擅自销毁账簿和记账凭证；在账簿上多列支出，不列、少列收入；经税务机关通知申报而拒不申报，或者进行虚假的纳税申报，不缴、少缴应纳税款的，是偷税。对于偷税的纳税人，由税务机关追缴其不缴、少缴的税款、滞纳金，并处偷税数额50%以上5倍以下的罚款。

对于扣缴义务人采取上述手段，不缴、少缴已扣、已收税款行为的，由税务机关追缴其不缴、少缴的税款、滞纳金，并处不缴、少缴的税款50%以上5倍以下的罚款。

纳税人采取欺骗、隐瞒手段进行虚假纳税申报或者不申报，逃避缴纳税款数额较大并且占应纳税额10%以上的，除了由税务机关追缴其逃避缴纳的税款、滞纳金以外，处3年以下有期徒刑或者拘役，并处罚金；数额巨大并且占应纳税额30%以上的，处3年以上7年以下有期徒刑，并处罚金。

有上述行为，税务机关依法下达追缴通知以后，补缴应纳税款，缴纳滞纳金，已经接受行政处罚的，不予追究刑事责任，5年以内由于逃避缴纳税款受过刑事处罚或者被税务机关给予两次以上行政处罚的除外。

扣缴义务人采取上述手段，不缴或者少缴已扣、已收税款，数额较大的，按照上述规定处罚。

纳税人、扣缴义务人编造虚假计税依据的，由税务机关责令限期改正，并处5万元以下罚款。

纳税人不进行纳税申报，不缴、少缴应纳税款的，由税务机关追缴其不缴、少缴的税款、滞纳金,并处不缴、少缴的税款 50% 以上 5 倍以下的罚款。

(十八) 什么是抗税?怎样处罚?

以暴力、威胁方法拒不缴纳税款的,是抗税。对于抗税者,除了由税务机关追缴拒缴的税款、滞纳金以外,处 3 年以下有期徒刑或者拘役,并处拒缴税款 1 倍以上 5 倍以下的罚款。情节严重的,处 3 年以上 7 年以下有期徒刑,并处拒缴税款 1 倍以上 5 倍以下的罚款。情节轻微,未构成犯罪的,由税务机关追缴其拒缴的税款、滞纳金,并处拒缴税款 1 倍以上 5 倍以下的罚款。

(十九) 以转移、隐匿财产的手段妨碍税务机关追缴欠税的,怎样处罚?

纳税人欠缴应纳税款,采取转移、隐匿财产的手段,妨碍税务机关追缴欠缴的税款的,由税务机关追缴欠缴的税款、滞纳金,并处欠缴税款 50% 以上 5 倍以下的罚款。致使税务机关无法追缴欠缴的税款,数额在 1 万元以上不满 10 万元的,除了由税务机关追缴欠缴的税款、滞纳金以外,处 3 年以下有期徒刑或者拘役,并处或者单处欠缴税款 1 倍以上 5 倍以下的罚款;数额在 10 万元以上的,处 3 年以上 7 年以下有期徒刑,并处欠缴税款 1 倍以上 5 倍以下的罚款。

(二十) 骗取出口退税的,怎样处罚?

以假报出口和其他欺骗手段骗取出口退税的,由税务机关追缴其骗取的退税款,并处骗取退税款 1 倍以上 5 倍以下罚款。骗取退税款数额较大的,除了由税务机关追缴其骗取的退税款以外,处 5 年以下有期徒刑或者拘役,并处骗取税款 1 倍以上 5 倍以下的罚款;数额巨大或者有其他严重情节的,处 5 年以上 10 年以下有期徒刑,并处骗取税款 1 倍以上 5 倍以下的罚款;数额特别巨大或者有其他特别严重情节的，处10年以上有期徒刑或者无期徒刑，并处骗取税款1倍以上5倍以下的罚款或者没收财产。国家工作人员参与实施骗取出口退税犯罪活动的，按照上述规定从重处罚。

骗取出口退税5万元以上的，为数额较大；骗取出口退税50万元以上的，为数额巨大；骗取出口退税250万元以上的，为数额特别巨大。

具有下列情形之一的，属于上述其他严重情节：造成国家税款损失30万元以上，并且在第一审判决宣告以前无法追回的；因骗取国家出口退税行为受过行政处罚，2年以内又骗取国家出口退税，数额在30万元以上的；情节严重的其他情形。具有下列情形之一的，属于上述其他特别严重情节：造成税款损失150万元以上，并且在第一审判决宣告以前无法追回的；因骗取出口退税行为受过行政处罚，2年以内又骗取出口退税，数额在150万元以上的；情节特别严重的其他情形。

有进出口经营权的公司、企业，明知他人意欲骗取出口退税，仍然违反有关进出口经营的规定，允许他人自带客户、自带货源、自带汇票并自行报关，骗取出口退税的，按照上述规定和单位犯罪的有关规定定罪处罚。

此外，出口企业骗取出口退税的，经所在省（自治区、直辖市、计划单列市）税务局批准，按照下列规定处理：骗取出口退税不满5万元的，可以停止为其办理出口退税半年以上1年以下；骗取出口退税5万元以上不满50万元的，可以停止为其办理出口退税1年以上1年半以下；骗取出口退税50万元以上不满250万元，或者由于骗取出口退税受过行政处罚、2年以内又骗取出口退税30万元以上不满150万元的，可以停止为其办理出口退税1年半以上2年以下；骗取出口退税250万元以上，或者由于骗取出口退税受过行政处罚、2年以内又骗取出口退税150万元以上的，可以停止为其办理出口退税2年以上3年以下。

（二十一）单位犯逃避缴纳税款、妨碍税务机关追缴欠税、骗取出口退税和非法买卖增值税专用发票等罪的，怎样处罚？

单位逃避缴纳税款；以转移、隐匿财产的手段妨碍税务机关追缴欠税；骗取出口退税；非法出售增值税专用发票和其他发票；非法购买增值税专用发票（包括伪造的增值税专用发票，下同）；非法购买增值税专用发票又虚开、出售；伪造、擅自制造和出售伪造、擅自制造的增值税专用发票以外的其他发票，构成犯罪的，除了由税务机关追缴其不缴、少缴和骗取的税款以外，对单位判处罚金，并对其直接负责的主管人员和其他直接责任人员，分别按照《中华人民共和国刑法》的有关规定处罚。

（二十二）有关单位不配合税务机关的有关工作的，怎样处罚？

银行和其他金融机构没有依法在从事生产、经营的纳税人的账户中登录税务登记证件号码，没有依法在从事生产、经营的纳税人的税务登记证件中登录账户账号的，由税务机关责令其限期改正，处2000元以上2万元以下罚款；情节严重的，处2万元以上5万元以下的罚款。

银行和其他金融机构拒绝接受税务机关依法检查纳税人、扣缴义务人的存款账户，拒绝执行税务机关作出的冻结存款、扣缴税款的决定，在接到税务机关的书面通知以后帮助纳税人、扣缴义务人转移存款，造成税款流失的，由税务机关处10万元以上50万元以下罚款，对直接负责的主管人员和其他直接责任人员处1000元以上1万元以下的罚款。

税务机关依法到车站、码头、机场和邮政企业及其分支机构检查纳税人有关情况的时候，有关单位拒绝的，由税务机关责令改正，可以处1万元以下罚款；情节严重的，处1万元以上5万元以下的罚款。

(二十三）为他人提供方便，导致未缴、少缴税款和骗取出口退税的，怎样处罚？

为纳税人、扣缴义务人非法提供银行账户、发票、证明和其他方便，导致未缴、少缴税款和骗取出口退税的，税务机关除了没收其违法所得以外，并可以处未缴、少缴和骗取的税款1倍以下罚款。

税务代理人超越代理权限、违反税收法规，造成纳税人未缴、少缴税款的，除了由纳税人缴纳、补缴应纳税款、滞纳金以外，对税务代理人处纳税人未缴、少缴税款50%以上3倍以下罚款。

(二十四）税务行政处罚怎样实施？

公民、法人和其他组织违反税收管理秩序的行为，依法应当给予行政处罚的，税务机关应当在查明事实以后予以处罚。

税务机关在作出行政处罚决定以前，应当告知当事人税务机关对其作出行政处罚决定的事实、理由和依据，并告知当事人依法享有的权利（如陈述、申辩）。

违法事实确凿并有法定依据，对公民处50元以下、对法人和其他组织处1000元以下罚款的，税务执法人员可以当场作出处罚决定。除此以外，税务机关必须在调查（在必要的时候也可以检查）以后才能处理。

税务机关对公民作出2000元以上罚款、对法人和其他组织作出1万元以上罚款的行政处罚以前，应当告知当事人有要求举行听证的权利。当事人要求听证的，税务机关应当组织听证，并在听证以后依法作出决定。上述听证的有关费用由税务机关支付。

税收征收管理法规定的行政处罚，罚款金额在2000元以下的，可以由税务分局（税务所）决定。

税务行政处罚决定依法作出以后，当事人应当在规定的期限以内履行。当事人逾期不履行处罚决定的，税务机关可以采取下列措施：到期不缴纳罚款的，每日按照罚款数额的3%加处罚款；依法将查封、扣押的财物拍卖、变卖或者将冻结的存款划拨抵缴税款；申请人民法院强制执行。

当事人确有经济困难，需要延期或者分期缴纳罚款的，经过当事人申请和税务机关批准，可以暂缓或者分期缴纳。

当事人对税务机关作出的行政处罚决定不服的，可以依法申请行政复议，或者提起行政诉讼。

当事人对税务机关作出的行政处罚决定逾期不申请行政复议，也不提起行政诉讼，又不履行的，作出行政处罚决定的税务机关可以依法采取强制执行措施或者申请人民法院强制执行。

当事人对税务机关实施查封、扣押财物，冻结存款，加处罚款、滞纳金，拍卖或者依法处理查封、扣押的财物等行政强制，享有陈述权、申辩权；有权依法申请行政复议，或者提起行政诉讼；由于上述机关违法实施行政强制受到损害的，有权依法要求赔偿。

税务机关以公告文体和其他形式公告已经生效的税务违法案件行政处理决定，接受社会监督。

违反税收法律、行政法规，应当给予行政处罚的行为，在5年以内未被发现的，不再给予行政处罚。

（二十五）税务机关工作人员在工作中违法的，怎样处罚？

税务机关的工作人员徇私舞弊，对于依法应当移交司法机关追究刑事责任的不移交，情节严重的，处3年以下有期徒刑或者拘役；造成严重后果的，处3年以上7年以下有期徒刑。

税务机关、税务人员查封、扣押纳税人个人及其所扶养家属维持生活必需的住房和用品的，责令退还，依法给予行政处分；构成犯罪的，依法追究刑事责任。

税务机关的工作人员私分所扣押、查封的商品、货物和其他财产的，必须退回，并依法给予行政处分；构成犯罪的，依法追究刑事责任。

税务机关的工作人员与纳税人、扣缴义务人勾结，唆使、协助纳税人、扣缴义务人犯逃避缴纳税款和骗取出口退税罪的,依法追究刑事责任;未构成犯罪的,依法给予行政处分。

税务机关的工作人员利用职务上的便利,收受、索取纳税人、扣缴义务人的财物,谋取其他不正当的利益,构成犯罪的,依法追究刑事责任;未构成犯罪的,依法给予行政处分。其中,个人受贿金额10万元以上的,处10年以上有期徒刑或者无期徒刑,可以并处没收财产;情节特别严重的,处死刑,并处没收财产。个人受贿金额5万元以上不满10万元的,处5年以上有期徒刑,可以并处没收财产;情节特别严重的,处无期徒刑,并处没收财产。个人受贿金额5000元以上不满5万元的,处1年以上7年以下有期徒刑;情节严重的,处7年以上10年以下有期徒刑。个人受贿金额不满5000元,情节较重的,处2年以下有期徒刑或者拘役;情节较轻的,由其所在单位或者上级主管机关酌情给予行政处分。索贿的,从重处罚。

税务机关的工作人员滥用职权,致使国家、人民利益遭受重大损失的;玩忽职守,不征、少征应征税款,致使税收遭受重大损失的,处3年以下有期徒刑或者拘役;情节特别严重的,处3年以上7年以下有期徒刑;未构成犯罪的,依法给予行政处分。

税务机关的工作人员徇私舞弊,滥用职权,玩忽职守,致使国家、人民利益遭受重大损失的,处5年以下有期徒刑或者拘役;情节特别严重的,处5年以上10年以下有期徒刑。

税务机关的工作人员徇私舞弊,不征、少征应征税款,致使税收遭受重大损失的,处5年以下有期徒刑或者拘役;造成特别重大损失的,处5年以上有期徒刑;未构成犯罪的,依法给予行政处分。

税务机关的工作人员违反法律、行政法规,在办理发放发票、抵扣税款和出口退税工作中徇私舞弊,致使国家利益遭受重大损失的,处5年以下有期徒刑或者拘役;致使国家利益遭受特别重大损失的,处5年以上有期徒刑;未构成犯罪的,依法给予行政处分。

税务机关的工作人员滥用职权,刁难纳税人、扣缴义务人的,调离税收工作岗位，并依法给予行政处分。

税务人员利用职权之便，刁难印制、使用发票的单位和个人，违反发票管理法规，依法给予行政处分；构成犯罪的，依法追究刑事责任。

税务机关的工作人员打击报复控告、检举税收违法违纪行为的纳税人、扣缴义务人和其他人员的，依法给予行政处分；构成犯罪的，依法追究刑事责任。

税务机关的工作人员在征收税款、查处税收违法案件的时候没有依法回避的，对直接负责的主管人员和其他直接责任人员依法给予行政处分。

没有依法为纳税人、扣缴义务人和检举人保密的，对直接负责的主管人员和其他直接责任人员，由所在单位或者有关单位依法给予行政处分。

（二十六）违反税法，擅自决定税收征免的，怎样处理？

违反法律、行政法规，擅自作出税收的开征、停征、减税、免税、退税、补税的决定和其他与税收法律、行政法规抵触的决定的，除了依法撤销其擅自作出的决定以外，补征应征未征税款，退还不应征收而征收的税款，并由上级机关追究直接负责的主管人员和其他直接责任人员的行政责任；构成犯罪的，依法追究刑事责任。

违反法律、行政法规提前征收、延缓征收和摊派税款的，由其上级机关或者行政监察机关责令改正，对直接负责的主管人员和其他直接责任人员依法给予行政处分。

税务机关违反规定擅自改变税收征收管理范围和税款入库预算级次的，责令限期改正，对直接负责的主管人员和其他直接责任人员依法给予降级或者撤职的行政处分。

未经税务机关依法委托征收税款的，责令退还收取的财物，依法给予行政处分或者行政处罚；致使他人合法权益受到损失的，依法承担赔偿责任；构成犯罪的，依法追究刑事责任。

二十二、税务行政复议

（一）什么是税务行政复议？

税务行政复议是中国行政复议制度的一个组成部分，具体是指纳税人和其他当事人认为税务机关的具体行政行为侵犯其合法权益，依法向上一级税务机关或者本级人民政府提出复查该具体行政行为的申请，由复议机关审查该具体行政行为的合法性和适当性，并作出裁决或者调解的制度。

为了发挥行政复议解决税务行政争议的作用，保护公民、法人和其他组织（以下简称"申请人"）的合法权益，监督和保障税务机关依法行使职权，国家税务总局根据《中华人民共和国行政复议法》及其实施条例、《中华人民共和国税收征收管理法》，于2010年2月10日公布《税务行政复议规则》，自当年4月1日起施行。2018年6月15日，国家税务总局公布第二次修改以后的上述规则，自当日起施行。申请人向税务行政复议机关（指依法受理行政复议申请，审查具体行政行为，并作出行政复议决定的税务机关，以下简称"行政复议机关"）申请行政复议，行政复议机关办理行政复议事项，外国人、无国籍人和外国组织在中国境内向税务机关申请行政复议，都按照上述规则办理。

（二）税务行政复议机构是怎样规定的？

各级行政复议机关负责法制工作的机构（以下简称"行政复议机构"）应当依法办理行政复议事项，履行下列职责：受理行政复议申请；向有关组织、人员调查取证，查阅文件、资料；审查申请行政复议的具体行政行为是否合法、适当，起草行政复议决定；处理、转送对有关规定的审查申请；对被申请人违反行政复议法及其实施条例、税务行政复议规则的行为，按照规定的权限、程序向相关部门提出处理建议；研究行政复议工作中发现的问题，及时向有关机关或者部门提出改进建议，重大问题及时向行政复议机关报告；指导、监督下级税务机关的行政复议工作；办理、组织办理行政诉讼案件应诉事项；办理行政复议案件的赔偿事项；办理行政复议、诉讼、赔偿等案件的统计、报告、归档工作和重大行政复议决定备案事项；其他与行政复议工作有关的事项。

各级行政复议机关可以成立行政复议委员会，研究重大、疑难案件，提出处理建议。行政复议委员会可以邀请本机关以外的具有相关专业知识的人员参加。

行政复议工作人员应当具备与履行行政复议职责相适应的品行、专业知识和业务能力。税务机关中初次从事行政复议的人员，应当通过国家统一法律职业资格考试取得法律职业资格。

（三）税务行政复议的范围是怎样规定的？

行政复议机关应当受理申请人对税务机关下列具体行政行为不服提出的行政复议申请：征税行为，包括确认纳税主体、征税对象、征税范围、减税、免税、退税、抵扣税款、适用税率、计税依据、纳税环节、纳税期限、纳税地点和税款征收方式等具体行政行为，征收税款，加收滞纳金，扣缴义务人、受税务机关委托的单位和个人作出的代扣代缴、代收代缴和代征行为等；行政许可、审批行为；发票管理行为，包括发放、收缴和代开发票等；税收保全措施、强制执行措施；行政处罚行为，包括罚款、没收财物和违法所得、停止出口退税权；不依法履行下列职责的行为：颁发税务登记，开具、出具完税凭证、外出经营活动税收管理证明，行政赔偿，行政奖励，其他不依法履行职责的行为；资格认定行为；不依法确认纳税担保行为；政府信息公开工作中的具体行政行为；纳税信用等级评定行为；通知出入境管理机关阻止出境行为；其他具体行政行为。

申请人认为税务机关的具体行政行为所依据的各级税务机关、国务院其他部门、地方各级人民政府及其工作部门的规定（不包括规章）不合法，对具体行政行为申请行政复议的时候，可以一并向行政复议机关提出对有关规定的审查申请；申请人对具体行政行为提出行政复议申请的时候不知道该具体行政行为所依据的规定的，可以在行政复议机关作出行政复议决定以前提出对该规定的审查申请。

（四）税务行政复议的管辖是怎样规定的？

对省以下各级税务局的具体行政行为不服的，可以向其上一级税务局申请行政复议。

对计划单列市税务局的具体行政行为不服的，可以向国家税务总局申请行政复议。

对税务分局（税务所）、各级税务局的稽查局的具体行政行为不服的，可以向其所属税务局申请行政复议。

对国家税务总局的具体行政行为不服的，可以向国家税务总局申请行政复议。对行政复议决定不服的，申请人可以向人民法院提起行政诉讼，也可以向国务院申请裁决。国务院的裁决为最终裁决。

特殊规定如下：

1. 对两个以上税务机关以共同的名义作出的具体行政行为不服的，可以向其共同上一级税务机关申请行政复议；对税务机关与其他行政机关以共同的名义作出的具体行政行为不服的，可以向其共同上一级行政机关申请行政复议。

2. 对被撤销的税务机关在撤销以前作出的具体行政行为不服的，可以向继续行使其职权的税务机关的上一级税务机关申请行政复议。

3. 对税务机关作出逾期不缴纳罚款加处罚款的决定不服的，可以向作出行政处罚决定的税务机关申请行政复议。对已处罚款和加处罚款都不服的，可以一并向作出行政处罚决定的税务机关的上一级税务机关申请行政复议。

申请人向具体行政行为发生地的县级人民政府提交行政复议申请的，应当由接受申请的县级人民政府依法转送。

（五）税务行政复议的申请人是怎样规定的？

合伙企业申请行政复议的，应当以市场监管机关核准登记的企业为申请人，由执行合伙事务的合伙人代表该企业参加行政复议；其他合伙组织申请行政复议的，应当由合伙人共同申请行政复议。

其他不具备法人资格的其他组织申请行政复议的，应当由该组织的主要负责人代表该组织参加行政复议；没有主要负责人的，应当由共同推选的人员代表该组织参加行政复议。

股份制企业的股东大会、股东代表大会、董事会认为税务具体行政行为侵犯企业合法权益的，可以以企业的名义申请行政复议。

有权申请行政复议的公民死亡的，其近亲属可以申请行政复议；有权申请行政复议的公民为无行为能力人、限制行为能力人的，其法定代理人可以代理申请行政复议。

有权申请行政复议的法人和其他组织发生合并、分立和终止的，承受其权利义务的法人和其他组织可以申请行政复议。

行政复议期间，行政复议机关认为申请人以外的公民、法人和其他组织与被审查的具体行政行为有利害关系的，可以通知其作为第三人参加行政复议；申请人以外的公民、法人和其他组织与被审查的税务具体行政行为有利害关系的，可以向行政复议机关申请作为第三人参加行政复议。

非具体行政行为的行政管理相对人，但是其权利直接被该具体行政行为剥夺、限制或者被赋予义务的公民、法人和其他组织，在行政管理相对人没有申请行政复议的时候，可以单独申请行政复议。

同一行政复议案件申请人超过5人的，应当推选1至5名代表参加行政复议。

（六）税务行政复议的被申请人是怎样规定的？

申请人对具体行政行为不服申请行政复议的，作出该具体行政行为的税务机关为被申请人。

申请人对扣缴义务人的扣缴税款行为不服的，主管该扣缴义务人的税务机关为被申请人；对税务机关委托的单位、个人的代征行为不服的，委托税务机关为被申请人。

税务机关与法律、法规授权的组织以共同的名义作出具体行政行为的，税务机关和法律、法规授权的组织为共同被申请人。

税务机关与其他组织以共同名义作出具体行政行为的，税务机关为被申请人。

税务机关按照法律、法规和规章，经上级税务机关批准作出具体行政行为的，批准机关为被申请人。

申请人对经重大税务案件审理程序作出的决定不服的，审理委员会所在税务机关为被申请人。

税务机关设立的派出机构、内设机构和其他组织，没有经过法律、法规授权，以自己名义对外作出具体行政行为的，设立上述组织的税务机关为被申请人。

申请人、第三人可以委托1至2名代理人参加行政复议。被申请人不得委托本机关以外人员参加行政复议。

（七）怎样申请税务行政复议？

申请人可以自知道税务机关作出具体行政行为之日起60日以内提出行政复议申请。

税务机关作出具体行政行为，依法应当向申请人送达法律文书，而没有送达的，视为该申请人不知道该具体行政行为。

因不可抗力和被申请人设置障碍等原因耽误法定申请期限的，申请期限的计算应当扣除被耽误时间。

申请人对确认纳税主体、征税对象、征税范围、减税、免税、退税、抵扣税款、适用税率、计税依据、纳税环节、纳税期限、纳税地点和税款征收方式，征收税款，加收滞纳金，扣缴义务人、受税务机关委托的单位和个人作出的代扣代缴、代收代缴和代征等征税行为不服的，应当先向行政复议机关申请行政复议；对行政复议决定不服的，可以向人民法院提起行政诉讼。

申请人按照上述规定申请行政复议的，必须按照税务机关根据法律、法规确定的税额、期限，先行缴纳或者解缴税款，或者提供相应的担保，才可以在缴清税款以后或者自提供的担保得到作出具体行政行为的税务机关确认之日起60日以内提出行政复议申请。

申请人对征税行为以外的具体行政行为不服，可以申请行政复议，也可以直接向人民法院提起行政诉讼。

申请人对税务机关作出逾期不缴纳罚款加处罚款的决定不服的，应当先缴纳罚款和加处罚款，再申请行政复议。

税务机关作出的具体行政行为对申请人的权利、义务可能产生不利影响的，应当告知其申请行政复议的权利、行政复议机关和行政复议申请期限。

申请人书面申请行政复议的，可以采取当面递交、邮寄和传真等方式提出行政复议申请。有条件的行政复议机关可以接受以电子邮件形式提出的行政复议申请。以传真和电子邮件形式提出行政复议申请的，行政复议机关应当审核确认申请人的身份和复议事项。

申请人口头申请行政复议的，行政复议机构应当就申请人的基本情况、被申请人的名称、行政复议请求、申请行政复议的主要事实和理由、申请行政复议的日期等事项，当场制作行政复议申请笔录，交申请人核对，或者向申请人宣读，并由申请人确认。

有下列情形之一的，申请人应当提供证明材料：认为被申请人不履行法定职责的,提供要求被申请人履行法定职责而被申请人没有履行的证明材料;申请行政复议的时候一并提出行政赔偿请求的,提供受具体行政行为侵害而造成损害的证明材料;法律、法规规定需要申请人提供证据材料的其他情形。

申请人提出行政复议申请的时候错列被申请人的,行政复议机关应当告知申请人变更被申请人。申请人不变更被申请人的,行政复议机关不予受理,或者驳回行政复议申请。

申请人向行政复议机关申请行政复议,行政复议机关已经受理的,在法定行政复议期限以内,申请人不得向人民法院提起行政诉讼;申请人向人民法院提起行政诉讼,人民法院已经依法受理的,不得申请行政复议。

(八)怎样受理税务行政复议申请?

行政复议申请符合下列规定的,行政复议机关应当受理:属于规定的行政复议范围。在法定申请期限以内提出。有明确的申请人、符合规定的被申请人。申请人与具体行政行为有利害关系。有具体的行政复议请求、理由。申请人对税务机关的征税行为不服申请行政复议的,已经缴清税款和滞纳金,或者所提供的担保已经得到作出具体行政行为的税务机关确认;申请人对税务机关作出逾期不缴纳罚款加处罚款的决定不服的申请行政复议,已经缴纳罚款和加处罚款。属于收到行政复议申请的行政复议机关的职责范围。其他行政复议机关还没有受理同一行政复议申请,人民法院还没有受理同一主体就同一事实提起的行政诉讼。

行政复议机关收到行政复议申请以后,应当在5日以内审查,决定是否受理。对于不符合税务行政复议规则的行政复议申请,决定不予受理,并书面告知申请人。

对于不属于本机关受理的行政复议申请,应当告知申请人向有关行政复议机关提出。

行政复议机关收到行政复议申请以后没有按照上述规定期限审

查并作出不予受理决定的,视为受理。

对于符合规定的行政复议申请,自行政复议机构收到之日起即为受理。受理行政复议申请,应当书面告知申请人。

行政复议申请材料不齐全、表述不清楚的,行政复议机构可以自收到该行政复议申请之日起5日以内书面通知申请人补正。补正通知应当载明需要补正的事项和合理的补正期限,补正申请材料所用时间不计入行政复议审理期限。申请人无正当理由逾期不补正的,视为放弃行政复议申请。

上级税务机关认为行政复议机关不予受理行政复议申请的理由不成立的,可以督促其受理;经过督促仍然不受理的,责令其限期受理。

上级税务机关认为行政复议申请不符合法定受理条件的,应当告知申请人。

上级税务机关认为有必要的,可以直接受理或者提审由下级税务机关管辖的行政复议案件。

对于应当先向行政复议机关申请行政复议,对行政复议决定不服再向人民法院提起行政诉讼的具体行政行为,行政复议机关决定不予受理或者受理以后,超过行政复议期限不作答复的,申请人可以自收到不予受理决定书之日起或者行政复议期满之日起15日以内,依法向人民法院提起行政诉讼。

情况复杂,经过批准,延长行政复议期限的,应当以延长以后的时间为行政复议期满时间。

行政复议期间,具体行政行为不停止执行;但是有下列情形之一的,可以停止执行:被申请人认为需要停止执行的;行政复议机关认为需要停止执行的;申请人申请停止执行,行政复议机关认为其要求合理,决定停止执行的;法律规定停止执行的。

行政复议机关受理行政复议申请,不得向申请人收取任何费用。

(九) 税务行政复议的审查是怎样规定的？

行政复议机构应当自受理行政复议申请之日起 7 日以内，将行政复议申请书副本或者行政复议申请笔录复印件发送被申请人。被申请人应当自收到申请书副本或者申请笔录复印件之日起 10 日以内提出书面答复，并提交当初作出具体行政行为的证据、依据和其他有关材料。

对国家税务总局的具体行政行为不服申请行政复议的案件，应当由原承办具体行政行为的相关机构向行政复议机构提出书面答复，并提交当初作出具体行政行为的证据、依据和其他有关材料。

行政复议机构审理行政复议案件，应当由 2 名以上行政复议工作人员参加。

行政复议原则上应当采用书面审查的办法，但是申请人提出要求或者行政复议机构认为有必要的时候，应当听取申请人、被申请人和第三人的意见，并可以向有关组织和人员调查了解情况。

对于重大、复杂的案件，申请人提出要求或者行政复议机构认为必要的时候，可以采取听证的方式审理。行政复议机构决定举行听证的，应当将举行听证的时间、地点和具体要求等事项通知申请人、被申请人和第三人。

听证应当公开举行，但是涉及国家秘密、商业秘密和个人隐私的除外。行政复议听证人员不得少于 2 人，听证主持人由行政复议机构指定。听证应当制作笔录。申请人、被申请人和第三人应当确认听证笔录内容。行政复议听证笔录应当附卷，作为行政复议机构审理案件的依据之一。

行政复议机关应当全面审查被申请人的具体行政行为所依据的事实证据、法律程序、法律依据和设定的权利义务内容的合法性、适当性。

申请人在行政复议决定作出以前撤回行政复议申请的，经行政复议机构同意，可以撤回。申请人撤回行政复议申请的，不得再以同一事实、理由提出行政复议申请，申请人能够证明撤回行政复议申请违背其真实意思表示的除外。

行政复议期间被申请人改变原具体行政行为的,不影响行政复议案件的审理,申请人依法撤回行政复议申请的除外。

申请人在申请行政复议的时候,一并提出对各级税务机关、国务院其他部门、地方人民政府及其工作部门有关规定的审查申请的,行政复议机关对该规定有权处理的,应当在30日以内依法处理;无权处理的,应当在7日以内按照法定程序逐级转送有权处理的行政机关,有权处理的行政机关应当在60日以内依法处理。处理期间,中止对具体行政行为的审查。

行政复议机关审查被申请人的具体行政行为的时候,认为其依据不合法,本机关有权处理的,应当在30日以内依法处理;无权处理的,应当在7日以内按照法定程序逐级转送有权处理的国家机关。处理期间,中止对具体行政行为的审查。

(十) 税务行政复议的决定是怎样规定的?

行政复议机构应当对被申请人的具体行政行为提出审查意见,经行政复议机关负责人批准,按照下列规定作出行政复议决定:

1. 具体行政行为认定事实清楚,证据确凿,适用依据正确,程序合法,内容适当的,决定维持。

2. 被申请人不履行法定职责的,决定其在一定期限以内履行。

3. 具体行政行为有下列情形之一的,决定撤销、变更或者确认该具体行政行为违法;决定撤销或者确认该具体行政行为违法的,可以责令被申请人在一定期限以内重新作出具体行政行为:主要事实不清、证据不足的,适用依据错误的,违反法定程序的,超越职权、滥用职权的,具体行政行为明显不当的。

4. 被申请人不按照规定提出书面答复,提交当初作出具体行政行为的证据、依据和其他有关材料的,视为该具体行政行为没有证据、依据,决定撤销该具体行政行为。

行政复议机关责令被申请人重新作出具体行政行为的,被申请人不得以同一事实和理由作出与原具体行政行为相同或者基本相同的具体行政行为；但是行政复议机关以原具体行政行为违反法定程序决定撤销的，被申请人重新作出具体行政行为的除外。

行政复议机关责令被申请人重新作出具体行政行为的，被申请人不得作出对申请人更为不利的决定；但是行政复议机关以原具体行政行为主要事实不清、证据不足和适用依据错误决定撤销的，被申请人重新作出具体行政行为的除外。

有下列情形之一的，行政复议机关可以决定变更：认定事实清楚，证据确凿，程序合法，但是明显不当或者适用依据错误的；认定事实不清，证据不足，但是经行政复议机关审理，查明事实清楚，证据确凿的。

有下列情形之一的，行政复议机关应当决定驳回行政复议申请：申请人认为税务机关不履行法定职责，申请行政复议，行政复议机关受理以后，发现该税务机关没有相应法定职责，或者在受理以前已经履行法定职责的；受理行政复议申请以后，发现该行政复议申请不符合法定的受理条件的。

上级税务机关认为行政复议机关驳回行政复议申请的理由不成立的，应当责令限期恢复受理。行政复议机关审理行政复议申请期限的计算，应当扣除因驳回耽误的时间。

行政复议期间，有下列情形之一的，行政复议中止：作为申请人的公民死亡，其近亲属还没有确定是否参加行政复议的；作为申请人的公民丧失参加行政复议的能力，还没有确定法定代理人参加行政复议的；作为申请人的法人和其他组织终止，还没有确定权利义务承受人的；作为申请人的公民下落不明、被宣告失踪的；申请人、被申请人因不可抗力，不能参加行政复议的；行政复议机关因不可抗力原因暂时不能履行工作职责的；案件涉及法律适用问题，需要有权机关作出解释、确认的；案件审理需要以其他案件的审理结果为依据，而其他案件没有审结的；其他需要中止行政复议的情形。

行政复议中止的原因消除以后,应当及时恢复行政复议案件的审理。

行政复议机构中止、恢复行政复议案件的审理,应当告知申请人、被申请人和第三人。

行政复议期间,有下列情形之一的,行政复议终止:申请人要求撤回行政复议申请,行政复议机构准予撤回的;作为申请人的公民死亡,没有近亲属,或者其近亲属放弃行政复议权利的;作为申请人的法人和其他组织终止,其权利义务的承受人放弃行政复议权利的;经行政复议机构准许,申请人与被申请人按照规定达成和解的;行政复议申请受理以后,发现其他行政复议机关已经先于本机关受理、人民法院已经受理的。

由于作为申请人的公民死亡,其近亲属还没有确定是否参加行政复议;作为申请人的公民丧失参加行政复议的能力,还没有确定法定代理人参加行政复议;作为申请人的法人和其他组织终止,还没有确定权利义务承受人,中止行政复议,满60日上述原因没有消除的,行政复议终止。

行政复议机关责令被申请人重新作出具体行政行为的,被申请人应当在60日以内重新作出具体行政行为;情况复杂,不能在规定期限以内重新作出具体行政行为的,经过行政复议机关批准,可以适当延期,但是延期不得超过30日。

公民、法人和其他组织对被申请人重新作出的具体行政行为不服,可以依法申请行政复议,或者提起行政诉讼。

申请人在申请行政复议的时候,可以一并提出行政赔偿请求。行政复议机关对符合国家赔偿法,应当赔偿的,在决定撤销、变更具体行政行为和确认具体行政行为违法的时候,应当同时决定被申请人依法赔偿。

申请人在申请行政复议的时候没有提出行政赔偿请求的,行政复议机关在依法决定撤销、变更原具体行政行为确定的税款、滞纳金、罚款和对财产的扣押、查封等强制措施的时候,应当同时责令被申请人退还税款、滞纳金和罚款,解除对财产的扣押、查封等强制措施,或者赔偿相应的价款。

行政复议机关应当自受理申请之日起 60 日以内作出行政复议决定。情况复杂,不能在规定期限以内作出行政复议决定的,经过行政复议机关负责人批准,可以适当延期,并告知申请人和被申请人;但是延期不得超过 30 日。

被申请人应当履行行政复议决定。被申请人不履行、无正当理由拖延履行行政复议决定的,行政复议机关或者有关上级税务机关应当责令其限期履行。

申请人、第三人逾期不起诉又不履行行政复议决定的,或者不履行最终裁决的行政复议决定的,应当按照下列规定处理:维持具体行政行为的行政复议决定,由作出具体行政行为的税务机关依法强制执行,或者申请人民法院强制执行;变更具体行政行为的行政复议决定,由行政复议机关依法强制执行,或者申请人民法院强制执行。

(十一)税务行政复议的和解、调解是怎样规定的?

下列行政复议事项,按照自愿、合法的原则,申请人、被申请人在行政复议机关作出行政复议决定以前可以达成和解,行政复议机关也可以调解:行使自由裁量权作出的具体行政行为,如行政处罚、核定税额和确定应税所得率等;行政赔偿;行政奖励;存在其他合理性问题的具体行政行为。

行政复议审理期限在和解、调解期间中止计算。

申请人、被申请人达成和解的,应当向行政复议机构提交书面和解协议。和解内容不损害社会公共利益和他人合法权益的,行政复议机构应当准许。

经行政复议机构准许和解终止行政复议的,申请人不得以同一事实、理由再次申请行政复议。

调解应当符合下列要求:尊重申请人和被申请人的意愿,以查明案件事实为基础,遵循客观、公正和合理原则,不得损害社会公共利益和他人合法权益。

行政复议机关应当按照下列程序调解:征得申请人、被申请人同意,听取申请人、被申请人的意见,提出调解方案,达成调解协议,制作行政复议调解书。

行政复议调解书应当载明行政复议请求、事实、理由和调解结果,并加盖行政复议机关印章。该调解书经双方当事人签字即具有法律效力。申请人不履行该调解书的,可以由被申请人依法强制执行,或者申请人民法院强制执行。

调解没有达成协议,或者行政复议调解书不生效的,行政复议机关应当及时作出行政复议决定。

(十二) 海关行政复议是怎样规定的?

纳税人、担保人对于海关确定纳税人、完税价格、商品归类、原产地、适用税率、计征汇率、免税、减税、补税、退税、征收滞纳金、计征方式和纳税地点有异议的,应当按照海关作出的行政决定缴纳税款,并可以依法向上一级海关申请行政复议。对行政复议决定不服的,可以依法向人民法院提起诉讼。

对于按照反倾销条例作出的是否征收反倾销税的决定、追溯征收、退税和对新出口经营者征税的决定不服的,对于是否继续征收反倾销税作出的复审决定不服的;对于按照反补贴条例作出的是否征收反补贴税的决定、追溯征收的决定不服的,对于是否继续征收反补贴税作出的复审决定不服的,可以依法申请行政复议,也可以依法向人民法院提起诉讼。

二十三、财政、税务、海关组织机构和税收征收管理范围划分

（一）财政部及其税政司、关税司是怎样的机构？

财政部是中国国务院的组成部门，其主要职责中与税收直接相关的内容包括：拟订财税发展战略、规划、政策和改革方案，并组织实施；分析预测宏观经济形势，参与制定宏观经济政策，提出运用财税政策实施宏观调控和综合平衡社会财力的建议；拟订中央与地方、国家与企业的分配政策；完善鼓励公益事业发展的财税政策；负责组织起草税收法律、行政法规草案及其实施细则和税收政策调整方案，参加涉外税收谈判，签订涉外税收协议、协定草案，提出关税和进口税收政策，组织制定免税行业政策和有关管理制度；拟订关税谈判方案，参加有关关税谈判，提出征收特别关税的建议，承担国务院关税税则委员会的具体工作。该部的部长由国家主席任命，副部长、部长助理由国务院任命。

税政管理职责分工如下：

1. 财政部负责提出税收立法建议，与国家税务总局等部门提出税种增减、税目和税率调整、减免税等建议。财政部负责组织起草税收法律、行政法规草案和实施细则、税收政策调整方案；国家税务总局具体起草税收法律、行政法规草案和实施细则，并提出税收政策建议，由财政部组织审议以后，与国家税务总局共同上报和下发。国家税务总局负责对税收法律、行政法规执行过程中的征收管理和一般性税政问题进行解释，事后向财政部备案。

2. 财政部负责组织起草关税法律、行政法规草案和实施细则，海关总署等部门参与起草，由财政部组织审议以后，与海关总署共同上报。关税税目、税率调整由国务院关税税则委员会负责，关税政策调整方案由财政部会同有关部门研究提出。

税政司是财政部内主管税收业务的职能部门，其主要职责是：组织起草税收法律、行政法规草案和实施细则；提出税种增减、税目和税率调整、减免税等建议和税收政策调整方案；承担涉外税收谈判相关工作，拟订国际税收协议和协定范本；开展税源调查分析；组织拟订政府非税收入管理制度和政策，承担政府性基金、行政事业性收费管理等相关工作。

关税司（国务院关税税则委员会办公室）是财政部内主管关税业务的职能部门，其主要职责是：组织起草关税法律、行政法规草案和实施细则；提出关税税目、税率调整建议；提出关税和进口税收政策建议；拟订关税谈判方案，承担有关关税谈判工作，提出征收特别关税建议。

（二）国家税务总局是一个怎样的机构？

1. 国家税务总局是中国国务院主管税收工作的部级直属机构，其主要职责是：

（1）起草税收法律、法规草案及其实施细则，并提出税收政策建议，并与财政部共同上报和下发，制订贯彻落实的措施。负责解释税收法律、法规执行过程中的征管和一般性税政问题，事后向财政部备案。

（2）组织实施税收和规定的基金（费）的征收管理。

（3）参与研究宏观经济政策、中央与地方的税权划分，并提出完善分税制的建议；研究税负总水平，并提出运用税收手段进行宏观调控的建议。

（4）组织实施税收征收管理体制改革；起草税收征收管理法律、法规草案，并制定实施细则；制定和监督执行税收业务、征收管理的规章制度，监督、检查税收法律、法规和政策的贯彻执行。

（5）规划和组织实施纳税服务体系建设，制定纳税服务管理制度，规范纳税服务行为，制定和监督执行纳税人权益保障制度，保护纳税人的合法权益，履行提供便捷、优质、高效纳税服务的义务，组织实施税法宣传，拟订注册税务师管理政策并监督实施。

（6）组织实施纳税人分类管理和专业化服务、大企业的纳税服务和税源管理。

（7）编报税收收入中长期规划和年度计划，开展税源调查，加强税收收入的分析和预测，组织办理税收减免等具体事项。

（8）制定税收管理信息化制度，拟订税收管理信息化建设中长期规划，组织实施金税工程建设。

（9）开展税收领域的国际交流与合作，参加国家（地区）间税收关系谈判，草签和执行有关的协议、协定。

（10）办理进出口货物的增值税、消费税征收和退税业务。

（11）承办国务院交办的其他事项。

2. 国家税务总局局长、副局长均由国务院任命，另有总经济师、总会计师和总审计师各1名。局内共有16个司级行政职能部门：

（1）办公厅。该厅是国家税务总局主管日常公务、文秘和总局机关行政管理事务的综合职能部门，主要职责是负责机关文电、机要、会务、档案、信访、保密和保卫等工作，承担税收宣传、政务公开和新闻发布工作，管理机关其他行政事务。

（2）政策法规司。该司是国家税务总局主管税收政策和税收法制工作的综合职能部门，主要职责是起草税收法律、法规草案，部门规章和规范性文件；研究提出税制改革建议；拟订税收业务的规章制度；研究、承办涉及世界贸易组织的有关税收事项；承办重大税收案件的审理和行政处罚工作；承担总局有关规范性文件的合法性审核工作；承办税务行政复议、行政应诉工作。

（3）货物和劳务税司。该司是国家税务总局主管增值税、消费税、车辆购置税、进出口税收政策和征收管理的职能部门，主要职责是组织实施增值税、消费税（不含海关代征部分）和车辆购置税征收管理工作，拟订具体征收管理政策和办法；解释和处理有关法律、法规执行中的一般性问题；组织实施出口退税管理工作。

（4）所得税司。该司是国家税务总局主管企业所得税、个人所得税政策和征收管理的职能部门，主要职责是组织实施企业所得税、个人所得税征收管理工作，拟订具体征收管理政策和办法；解释和处理有关法律、法规执行中的一般性问题。

（5）财产和行为税司。该司是国家税务总局主管财产和行为各税政策、指导和监督财产和行为各税征收管理工作的职能部门，主要职责是组织实施房产税、城镇土地使用税、城市维护建设税、印花税、资源税、土地增值税、车船税、烟叶税、契税、耕地占用税和环境保护税的业务管理，拟订具体征收管理政策和办法；解释和处理有关法律、法规执行中的一般性问题；指导财产和行为各税种的征管业务。

（6）国际税务司（港澳台办公室）。该司是国家税务总局主管国际税收、国际税务合作交流和外事工作的职能部门，主要职责是研究拟订国家（地区）间反避税措施，组织实施反避税调查；参加国家（地区）间税收协议、协定谈判，承办草签和执行有关协议、协定等工作；承办与国际机构、国家（地区）间税务机关的合作和交流业务；管理税务系统的外事工作。

（7）收入规划核算司。该司是国家税务总局主管组织税收收入、税款缴纳入库、税收分析预测、重点税源监控、税收会计和统计核算、税收数据管理应用工作的综合职能部门，主要职责是编制税收收入中长期规划，编制年度税收任务、出口退税指标；参与起草税款征缴退库制度，监督检查税款缴、退库情况；承办税收收入的分析、预测和重点税源监控管理工作；拟订税收收入规划和税收会计、统计等相关制度；管理税收数据；组织实施税收统计工作。

（8）纳税服务司。该司是国家税务总局主管纳税服务工作的综合职能部门，主要职责是组织实施纳税服务体系建设；拟订纳税服务工作规范和操作规程；组织协调、实施纳税辅导、咨询服务和税收法律救济等工作，受理纳税人投诉；组织实施税收信用体系建设；指导税收争议的调解；起草注册税务师管理政策，并监督实施。

（9）征管和科技发展司。该司是国家税务总局主管税收征收管理和税收管理信息化建设的综合职能部门，主要职责是起草综合性税收征管规范性文件；拟订税收征收管理的长期规划和综合性方案；管理税收发票和票证；拟订和组织实施税收管理信息化的总体规划和实施方案，承办税收管理信息化建设中业务需求整合和流程优化的综合管理工作。

（10）大企业税收管理司。该司是国家税务总局主管大企业税收管理和服务的职能部门，主要职责是承担对大型企业提供纳税服务工作，实施税源监控和管理，开展纳税评估，组织实施反避税调查与审计；指导海洋石油税收业务。

（11）稽查局。该局是国家税务总局主管税务稽查工作的职能部门，主要职责是起草税务稽查法律、法规草案，部门规章和规范性文件；办理重大税收案件的立案、调查的有关事项，并提出处理意见；指导、协调税务系统的稽查工作。

（12）财务管理司。该司是国家税务总局主管税务系统经费、装备、固定资产和基本建设的职能部门，主要职责是拟订税务系统的财务和基本建设管理办法，管理税务系统的经费、财务、装备和固定资产，审核汇编税务系统的财务预算和决算，办理各项经费的领拨。

（13）督察内审司。该司是国家税务总局主管税收执法监督检查、内部财务审计和领导干部经济责任审计的职能部门，主要职责是组织实施税收法律、法规、部门规章、规范性文件执行情况的监督和检查；承办税务系统的财务、基本建设、大宗物品采购审计和领导干部经济责任审计工作。

（14）人事司。该司是国家税务总局主管人事、机构编制工作的职能部门，主要职责是拟订税务系统的人事制度并组织实施，管理税务系统的人事和机构编制工作，组织实施税务系统的思想政治工作和精神文明建设。

（15）离退休干部办公室。该办公室是国家税务总局主管离退休干部工作的职能部门，主要职责是负责总局机关离退休干部工作，指导税务系统离退休干部工作。

（16）巡视工作办公室。该办公室是国家税务总局主管巡视工作的职能部门，其主要职责是综合协调、政策研究和制度建设等工作；向中央巡视工作领导小组办公室请示和汇报工作，向干部监督和巡视工作领导小组报告巡视工作的重要情况，向巡视组传达领导小组作出的决策和部署；指导、检查巡视组和省级税务局巡视工作办公室的工作；协调巡视组督办领导小组决定的事项；协调巡视组督促被巡视单位整改有关问题；向有关部门收集涉及被巡视单位领导班子及其成员的有关情况；向领导小组和有关部门提出加强巡视机构组织建设的建议，培训和管理巡视工作人员；办理干部监督和巡视工作领导小组交办的其他事项。

国家税务总局直属事业单位设有教育中心、机关服务中心、电子税务管理中心、集中采购中心、税收科学研究所、税收宣传中心、中国税务杂志社、中国税务报社和税务干部进修学院。此外，中国税务出版社由国家税务总局主管、主办。

中共中央纪律检查委员会和国家监察委员会在国家税务总局派驻纪检监察组。

（三）中国省以下的税务机构是怎样设置的？

根据实行分税制财政管理体制的需要和国务院的规定，自1994年起，中国省以下税务机构分设为国家税务局和地方税务局两个系统。国家税务总局对国家税务局系统实行机构、编制、干部和经费的垂直管理，协同省级人民政府对省级地方税务局实行双重领导。到2017年年底，全国共有省级税务局61个，副省级城市税务局30个，市（区、地区、州、盟）税务局1174个，县（市、区、旗）税务局5644个，税务分局、税务所（县级税务局的派出机构）26940个。全国税务系统共有近88万名工作人员，其中国家税务局系统47.3万名，约占54%；地方税务局系统40.6万名，约占46%。

2018年国务院机构改革以后，省以下国家税务局、地方税务局两个系统合并，实行以国家税务总局为主，与省、自治区、直辖市党委和政府双重领导的管理体制。

国家税务总局负责任免各省级税务局领导班子成员，事前按照程序征求省、自治区和直辖市党委的意见。省级以下税务局领导班子成员由上一级税务局任免，事前按照程序征求所在地党委的意见。

国家税务总局统一管理省级以下税务局的机构编制，地方政府根据行政区划变动情况等对税务机构设置提出意见。

国家税务总局主管税收业务、社会保险费和其他非税收入征管业务，对收入预算目标的确定提出意见，并抓好在税务系统的分解落实和执行情况考核。各地人民代表大会、政府依法行使地方税收、社会保险费和其他非税收入的税（费）政管理权，确定地方级收入预算目标，并加强对征收工作的考核管理。

新的省、市和县级税务机构的名称分别为国家税务总局某省（自治区、直辖市）税务局，如国家税务总局河北省税务局；国家税务总局某市（地区、州、盟）税务局，某市某区税务局，如国家税务总局德州市税务局、国家税务总局北京市海淀区税务局；国家税务总局某县（市、旗）税务局，某市某区税务局，如国家税务总局化德县税务局、国家税务总局茂名市电白区税务局。

目前全国设有46个省级税务局，包括31个省、自治区和直辖市税务局，均为厅级机构；15个副省级城市税务局，其中大连市、青岛市、宁波市、厦门市和深圳市5个计划单列市税务局为厅级机构，沈阳市、长春市、哈尔滨市、南京市、武汉市、广州市、成都市、西安市、杭州市和济南市10个市税务局为副厅级机构。

省级税务局的内设机构一般包括办公室、政策法规处、货物和劳务税处（进出口税收管理处）、企业所得税处、个人所得税处、财产和行为税处、资源和环境税处、社会保险费处、非税收入处、收入规划核算处、纳税服务处、征管和科技发展处、国际税收管理处、税收经济分析处、税收大数据和风险管理局、财务管理处（装备和采购处）、督查内审处、人事处、考核考评处、教育处等；派出机构一般包括大企业税收服务和管理局（第一税务分局）、出口退税服务和管理局（第二税务分局）、稽查局、跨区域稽查局；事业单位一般包括纳税服务中心（税收宣传中心）、信息中心、机关服务中心、税收科学研究所和税务干部学校。上述机构、单位的规格均为处级。

此外，国家税务总局下设驻北京市、广州市和重庆市特派员办事处，均为厅级机构，分别承担规定范围以内税务机关贯彻执行中共中央、国务院决策部署情况的督查、税收执法合规性检查、财务内审和跨区域涉税大案要案稽查等任务。其中，驻北京特派员办事处的工作范围为北京市、天津市、河北省、山西省和内蒙古自治区5个省、自治区和直辖市，驻广州市特派员办事处的工作范围为湖北省、湖南省、广东省和海南省4个省；驻重庆市特派员办事处的工作范围为重庆市、四川省、贵州省、云南省、西藏自治区和广西壮族自治区6个省、自治区和直辖市。

（四）海关总署及其关税征管司是怎样的机构？

海关总署是中国国务院主管全国海关工作的部级直属机构，其主要职责中与税收直接相关的内容包括：负责进出口关税和其他税费征收管理。拟订征管制度，制定进出口商品分类目录，并组织实施和解释。牵头开展多双边原产地规则对外谈判，拟订进出口商品原产地规则，并依法负责签证管理等组织实施工作。依法执行反倾销和反补贴措施、保障措施和其他关税措施。该署的署长、副署长均由国务院任命。

关税征管司是海关总署内主管关税征管业务的职能部门，其主要职责是：承担关税税政和立法的相关工作；参与制定进出口税则，进出口税收政策、税目和税率的调整，相关的对外谈判；拟订进出口关税和其他税费征管规定并组织实施；承担进出口商品分类目录、原产地规则和签证管理、海关估价等工作，多边、双边原产地规则对外谈判工作；组织实施关税和进口环节税减免，反倾销措施、反补贴措施、保障措施和其他关税措施。

海关系统实行垂直管理体制。海关总署下设广东分署，天津、上海特派员办事处，42个直属海关，742个隶属海关、办事处，并在欧盟、俄罗斯和美国派驻海关机构。

（五）国务院关税税则委员会是一个怎样的机构？

国务院关税税则委员会是国务院的议事协调机构，其主要职责是：审议关税工作重大规划，拟定关税改革发展方案，并组织实施；负责《中华人民共和国进出口税则》《中华人民共和国进境物品进口税税率表》的税目、税率的调整和解释，报国务院批准以后执行；负责编纂、发布《中华人民共和国进出口税则》；决定实行暂定税率的货物、税率和期限，关税配额税率，特殊情况下税率的适用，征收反倾销税、反补贴税、保障措施关税、报复性关税和实施其他关税措施；审议上报国务院的重大关税政策和对外关税谈判方案；履行国务院规定的其他职责。

现任国务院关税税则委员会主任由国务委员兼国务院秘书长肖捷担任，副主任和委员由财政部、国务院办公厅、国家发展和改革委员会、工业和信息化部、司法部、农业农村部、商务部、海关总署和国家税务总局的负责人担任。该委员会办公室设在财政部，承担该委员会日常工作。

（六）中国的税收征收管理范围是怎样划分的？

根据国务院的规定，国家税务总局、海关总署的税收征收管理范围划分如下：

1. 国家税务总局负责征收和管理16种税收，即增值税、消费税（其中进口环节的增值税、消费税由海关负责代征），车辆购置税，企业所得税，个人所得税，土地增值税，房产税，城镇土地使用税，耕地占用税，契税，资源税，车船税，印花税，城市维护建设税，烟叶税，环境保护税。

到2017年年底，全国办理税务登记的纳税人为5564.1万户，其中企业纳税人占47.1%，个体经营纳税人占51.8%。

2. 海关总署负责征收和管理两种税收，即关税、船舶吨税。此外，负责代征进口环节的增值税、消费税。

（七）中国的税收收入在中央政府、地方政府之间是怎样划分的？

根据国务院关于实行分税制财政管理体制的规定，中国的税收收入分为中央政府固定收入、地方政府固定收入和中央政府与地方政府共享收入。

1. 中央政府固定收入包括下列4种税收：消费税、车辆购置税、关税和船舶吨税。

2. 地方政府固定收入包括下列8种税收：房产税、城镇土地使用税、耕地占用税、契税、土地增值税、车船税、烟叶税和环境保护税。

3. 中央政府与地方政府共享收入包括下列6种税收：

（1）增值税：海关代征的部分，归中央政府。其余部分，暂定中央政府分享50%，地方政府按照缴纳地点分享50%。

（2）企业所得税：国有邮政企业、中国工商银行股份有限公司、中国农业银行股份有限公司、中国银行股份有限公司、中国建设银行股份有限公司、国家开发银行股份有限公司、中国农业发展银行、中国进出口银行、中国投资有限责任公司、中国建银投资有限责任公司、中国信达资产管理股份有限公司、中国石油天然气股份有限公司、中国石油化工股份有限公司、海洋石油天然气企业和中国长江电力股份有限公司等企业总分机构缴纳的部分归中央政府；其余部分中央政府分享60%，地方政府分享40%。

（3）个人所得税：中央政府分享60%，地方政府分享40%。

（4）资源税：海洋石油企业缴纳的部分归中央政府，其余部分归地方政府。

（5）印花税：股票交易印花税收入归中央政府，其他印花税收入归地方政府。

（6）城市维护建设税：各银行总行、保险公司总公司集中缴纳的部分归中央政府，其余部分归地方政府。

此外，在西藏自治区，除了关税和进口环节的增值税、消费税以外，在该自治区征收的其他税收全部留给该自治区。

主要资料来源

1. 全国人民代表大会常务委员会、国务院、财政部、国家税务总局和海关总署网站。

2. 《中华人民共和国税收基本法规（2019年版）》，中国税务出版社2019年出版。

3. 《国家税务总局公报》。

4. 《中国统计年鉴》《中国财政年鉴》《中国税务年鉴》《中国税务（月刊）》《中国财经报》和《中国税务报》等报刊。

（资料截止日期：2019年6月1日。）